AF435528

Fútbol:
POSESIÓN DEFENSIVA

Concepto y 50 tareas para su entrenamiento

Manuel Jesús Crespo García

Título: FÚTBOL: POSESIÓN DEFENSIVA. CONCEPTO Y 50 TAREAS PARA SU ENTRENAMIENTO
Autor: MANUEL JESÚS CRESPO GARCÍA
Corrección del texto: MANUELA CASTILLO SOLER

Editorial: WANCEULEN EDITORIAL
Sello Editorial: WANCEULEN EDITORIAL DEPORTIVA

ISBN (Papel): 978-84-18262-83-8
ISBN (Ebook): 978-84-18262-84-5

DEPÓSITO LEGAL: SE 1080-2020

Impreso en España. 2020

WANCEULEN S.L.
C/ Cristo del Desamparo y Abandono, 56 - 41006 Sevilla
Dirección web: www.wanceuleneditorial.com y www.wanceulen.com
Email: info@wanceuleneditorial.com

ÍNDICE

INTRODUCCIÓN

En la iniciación al mundo del entrenamiento es muy usual intentar encontrar una receta o una fórmula que resuelva nuestras necesidades y que cubra las posibles lagunas que tengamos en nuestro conocimiento o en nuestra capacidad.

La complejidad y diversidad del juego hacen que haya que tener un conocimiento del mismo para su enseñanza y para su aprendizaje en algunos casos.

El fútbol está evolucionando y van apareciendo nuevos conceptos con diversidad de interpretaciones atendiendo a las distintas corrientes a las que seamos más afines. No obstante, creo que todo se puede adaptar y se le puede sacar rendimiento siempre que tenga una buena argumentación y no nos dejemos atraer por dogmas.

Este libro con tareas no pretende ser una respuesta matemática a las necesidades que pueda tener un entrenador para encontrar soluciones a los problemas que se le planteen. La intención es poder manejar recursos, adaptarlos a nuestra realidad de entrenamientos y que puedan introducirnos y orientarnos a conseguir en el entrenamiento los objetivos pretendidos.

He reducido el uso de material para simplificar y poder llegar a cualquier nivel de recursos y que puedan ser llevadas a cabo en cualquier realidad, sin necesidad de unos materiales que dificulten su realización.

Existen distintos tipos de tareas para la mejora del dominio colectivo de cualquier medio que queramos que nuestro equipo maneje durante el desarrollo de los partidos. Atendiendo a la metodología empleada, la duración, los espacios, el número de jugadores... pueden variar para satisfacer nuestro modelo de juego.

A continuación, desarrollaré distintas, tareas desde las más simples a las de mayor complejidad, para poder trabajar el concepto de la transición defensiva y que puedan formar parte de distintos modelos de juego ya que, atendiendo a las pretensiones de cada entrenador y a la metodología a emplear, cada uno debe introducirlas donde considere oportuno. Estas tareas carecen de un contexto y de una estrategia operativa, para los cuales necesitarán adaptación por parte del entrenador a todas las variables que crea que pueden tener incidencia en el desarrollo del juego de su equipo y a las características del mismo.

Todas las tareas propuestas carecerán de un contexto propio, del rival, la competición y la situación para el desarrollo de la estrategia operativa y el modelo de juego.

Castellano y Casamichana (2016) proponen este cuadro para la clasificación de las tareas según los metros cuadrados por jugador y de las demandas que serán exigidos los jugadores:

m² / jugador	1<2	3<4	5<7	8<10
<50	Fuerza		Recuperación	
<100				
<200	Frecuencia cardíaca		Velocidad	
>200				

En este libro se indicarán el número de jugadores y la división y distribución de los espacios. No obstante, para que la tarea se adapte a cada equipo, estado físico de los jugadores, modelo de juego y metodología, cada entrenador la deberá adaptar en cuanto a metros las distancias, los espacios e, incluso, en número de jugadores en algunos casos para tener un mejor desarrollo con su equipo.

Las tareas no tendrán límites de toques, contactos o golpeos para conseguir nuestro objetivo, ya que habrá jugadores que necesiten o decidan utilizar un número mayor por necesidades del juego, por condiciones técnicas o por condicionantes físicos de desarrollo. No obstante, al ser tareas abiertas, el entrenador podrá condicionarlas si lo cree necesario u oportuno para conseguir los beneficios pretendidos conociendo la realidad a la que las va a exponer.

EL CONCEPTO DE
POSESIÓN DEFENSIVA
EN FÚTBOL

El concepto de la posesión defensiva puede parecer tener matices incongruentes y estar lejos de tener sentido como medio o recurso táctico, entendiendo como ofensivos los medios con balón y defensivos los medios sin balón.

Pedro Gómez, (2014): *Cuando hablamos de la fase ofensiva en el fútbol hablamos de la fase en que el equipo tiene el balón y realiza todas las acciones para:*

- *Mantener el balón y no perderlo.*
- *Avanzar hacia la portería contraria (con el balón)*
- *Marcar gol (meter el balón en la portería).*

Cuando hablamos de fase defensiva, en la que no tenemos el balón, podemos decir que intentamos:

- *Quitar el balón al contrario.*
- *Evitar que avance hacia nuestra portería (con el balón).*
- *Evitar el gol (que no entre el balón en la portería).*

Estos son los principios básicos que se pueden aplicar al fútbol y a otros deportes colectivos, pero la duda que yo me planteo y quiero compartir en estas líneas es que no me parece ofensivo mantener la posesión de balón para el equipo que lo tiene. Tener el balón en una zona u otra del campo o con una u otra intención es lo que puede hacer ofensivo mantener la posesión de balón.

"...Entre el negro y el blanco hay una amplia gama de grises..." diría un buen amigo.

La tendencia hacia el fútbol "bonito" nos lleva a pensar que solo se es ofensivo teniendo la posesión de balón y creo que no sólo a mí me parece más ofensivo ir a arrebatarle el balón al contrario.... Entonces... ¿quién está atacando? ¿Quién lleva la iniciativa en el juego? ¿Qué es ofensivo?

Los medios tácticos siempre se han clasificado en ofensivos o defensivos atendiendo a quién está en posesión del balón. El fútbol es un deporte de intenciones y hay un factor que condiciona el juego de manera relevante que es el resultado. Los equipos no actúan de la misma manera cuando van perdiendo que cuando van ganando. Un equipo al que le interesa el resultado no actuará de la misma manera que al que no le interesa y, si lo hace, observaremos un grave problema de identidad y de juego del equipo. Sí es cierto que puede mantener la misma identidad en todas las ocasiones, pero las premisas, los indicadores y las precauciones o previsiones... serán diferentes.

Un equipo ofensivo no es el equipo que más posesión tiene, un equipo ofensivo es el que juega en campo contrario, asedia la portería rival, no deja que el rival avance hacia la portería contraria... y ¿no hemos dicho que la fase ofensiva (de ataque) es la fase en la que el equipo tiene el balón? ¿Es a mí al único que le parece más ofensivo presionar arriba que replegar atrás?

Los medios tácticos deberían estar clasificados por la intención del equipo, el objetivo, que estará estrechamente ligado al resultado del partido o de la competición. Esto facilitaría las decisiones del entrenador y la interpretación del partido por parte de los jugadores durante el desarrollo del juego. A su vez, generará mecanismos para que su toma de decisión esté estrechamente relacionada con la intención que tiene el equipo y, por ende, el entrenador.

Para ordenar nuestro modelo de juego y las intenciones que tiene nuestro equipo durante los partidos, sería interesante aclarar qué es lo que queremos conseguir (objetivos) y qué queremos o podemos utilizar para conseguirlo (contenidos).

Un equipo puede pasar casi todo el partido con la posesión de balón en campo del rival o en su campo, pero puede no haber tirado a portería en todo el partido; y otro equipo, puede estar metido atrás durante todo el partido y salir en un par de contraataques y tirar a portería en ellos, con más posibilidades de hacer gol que el anterior. *¿Cuál de estos dos equipos es más ofensivo?*

Está claro que esta cuestión nos mantendría en un debate hacia qué tipo de fútbol nos gusta más, pero lo que está claro es que el segundo equipo ha sabido utilizar sus cualidades mejor que el primero y ha sabido ser más ofensivo, ya que, de manera objetiva, ha tirado más veces a portería.

Para aclararnos en esta cuestión:

Los equipos tienen que estar equilibrados, con esto no me refiero al típico argumento entre lo ofensivo y defensivo, me refiero a que tienen que estar equilibrados para su desarrollo en el juego, tienen que tener las cualidades y la preparación para desarrollar la idea de juego colectivo de manera eficaz y ser ofensivos (hacer daño al rival) o defensivos (no ser dañados o defenderse) cuando sea necesario y hacerlo con las herramientas adecuadas: no se puede cortar un árbol con una pistola, clavar una puntilla con un cuchillo, cazar un ciervo con un palo... Los equipos deben buscar, con los medios que consideren oportunos y factibles, atacar y defender.

En el fútbol, como juego o deporte, lo importante es el balón, ya que será determinante su situación. De hecho, el documento más importante para el desarrollo del juego es el reglamento y este centra la mayor parte de "su relato" en el balón: dónde puede estar, con qué partes se puede tocar, cuándo está en juego y cuándo no, cómo se tiene que poner en juego... Los resultados de los partidos vienen determinados por el número de veces que el balón entra de manera reglamentaria en las porterías, no de cómo entra.

El balón condiciona a los equipos: en qué lugar está, si rueda bien en el campo, quién lo tiene y quién no, cuándo está en juego y cuándo no... El reglamento le da vida al balón: quién puede tocarlo y quién no, cuándo sale del juego, con qué superficies se puede tocar y con cuáles no, cómo ha de entrar en juego, cuánto tiempo podrá estar en el juego, cuánto tiempo podrá estar en posesión del portero,...

Los estilos y los modelos de juego están condicionados por las actitudes que toman los equipos con el balón.

Hay que tener menos distancia con el rival si está el balón cerca, si el balón viene hacia nosotros hay que acomodar el cuerpo para controlarlo o para cambiar su trayectoria, hay que anticipar donde va a botar para controlarlo... El balón tiene un gran poder de seducción para los jugadores (y el espectador) y condiciona la actitud de los jugadores.

Los medios o recursos técnico- tácticos que pueda usar un equipo van a estar estrechamente ligados al balón. Los equipos, sean de la índole que sean o usen el estilo que usen, siempre tomarán ciertas actitudes hacia el balón que serán las que los definan.

El principal objetivo de los entrenadores es intentar que en el partido pase lo que queramos que pase y que el rival se "someta" a nuestro juego, bien llevando la iniciativa o permitiéndole avanzar para después poder aprovechar los espacios dejados a su espalda.

Dentro de estas opciones, mantener la posesión de balón para "defender un resultado", que el equipo contrario no pueda atacar, tenerlo lo más alejado de nuestra portería o, simplemente, para cansar al rival, puede formar parte de la estrategia de partido para conseguir un resultado favorable o que no "pase nada" en el desarrollo del partido.

La posesión defensiva será entonces un medio o un recurso para intentar que mientras el equipo que la practica tenga el balón, el equipo que no lo tiene no pueda atacarle, sin otro fin aparente que el de mantener el balón, a ser posible lejos de la portería que defiende y del rival, con la única intención de mantener un resultado favorable o conveniente.

Situaciones que favorecen la posesión defensiva:

- Tener el balón alejado de la portería propia.
- Acumular jugadores cerca del balón para dar opciones al poseedor en superioridad numérica
- Una buena ocupación del terreno de juego para llevar el balón a la zona de menor ocupación del rival
- Movilidad constante de los jugadores y del balón para que el rival no pueda enfocar su presión.

- Manejar amplitud en el juego para poder generar espacios de juego mayores.

- Jugadores distribuidos a distintas alturas crearán distintas líneas de pases a diferentes profundidades.

- Atraer jugadores para pasar el balón. Que el rival desocupe espacios en la búsqueda del balón para ocuparlos y llevar el balón.

La posesión defensiva ofrece las siguientes ventajas al equipo que la practica:

- Posibilita mantener la iniciativa en el juego. Tener la posesión del balón será un facilitador de situaciones.

- Permite controlar el ritmo del partido.

- Elige las zonas donde se desarrolla el juego

- Aleja el peligro de la portería que defiende

- Obliga al adversario a una movilidad constante sin balón y a un desgaste físico y mental

- Desordena al rival al someterlo a un cambio constante de "escenario"

- Impacienta al rival ante la imposibilidad de revertir la situación y provoca que se precipite en sus acciones defensivas

- Descubre las debilidades organizativas sin balón del rival

- Genera espacios para ocupar y aprovechar.

Los estímulos e indicadores para poner en marcha el concepto de la posesión defensiva serán estímulos e indicadores propios del juego para identificarlos en cada momento. Realizar un pase, conducir o cambiar de zona después de un estímulo auditivo (voz del entrenador, silbato...) o cualquier otro que no tenga que ver con lo que pueda pasar en un partido (mostrar un color, aviso del entrenador o de un compañero,...) nos ayudarán a realizar las tareas, pero no a utilizar con la destreza específica el medio o principio de la posesión defensiva y a desarrollar el aprendizaje en el jugador; con lo cual, los estímulos, indicadores o recursos utilizados tendrán transferencia al juego y podrán ser adaptados por el entrenador atendiendo a la realidad a la que los vaya a exponer.

SIMBOLOGÍA

Jugadores Equipo A	
Jugadores Equipo B	
Jugadores Equipo C	
Desplazamiento sin balón	
Control orientado	
Desplazamiento del balón	
Conducción del balón	
Desplazamiento del balón por alto	
Tiro a puerta	
Balón	

POSESIÓN DEFENSIVA

EN FÚTBOL

50

TAREAS PARA SU ENTRENAMIENTO

Tarea N° 1	Objetivo Principal	Mejora de la posesión defensiva
	Jugadores	5 (1+2x2)

Explicación

Los jugadores situados como en la imagen se pasarán el balón entre ellos, en el centro los jugadores irán a presionar pero sólo pueden hacerlo a una de las zonas. El jugador con balón cuando atraiga al rival pasarán al otro cuadrado el balón para que no puedan recuperar. Uno de los jugadores podrá cambiar de zona para mantener el balón y que el contrario no pueda recuperar.

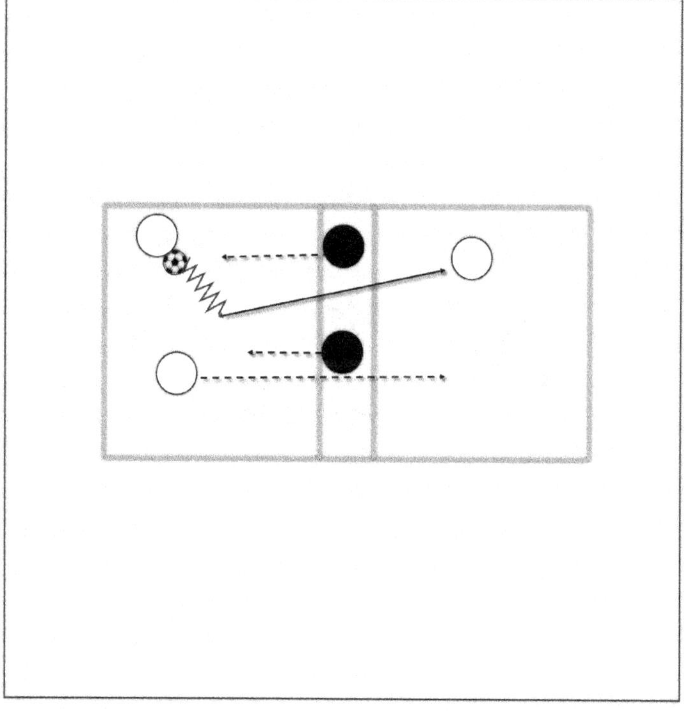

Tarea N° 2	Objetivo Principal	Mejora de la posesión defensiva
	Jugadores	5 (C+2x2)

Explicación

Los jugadores situados como en la imagen con el comodín en el pasillo central se pasarán el balón entre ellos. El comodín participará del equipo con balón. Los jugadores del equipo sin balón podrán cambiar de espacios para intentar recuperar el balón. El equipo poseedor cambiará el balón de zona para alejar el balón del rival y que no pueda recuperar. Si recupera el balón el otro equipo cambiarán los roles.

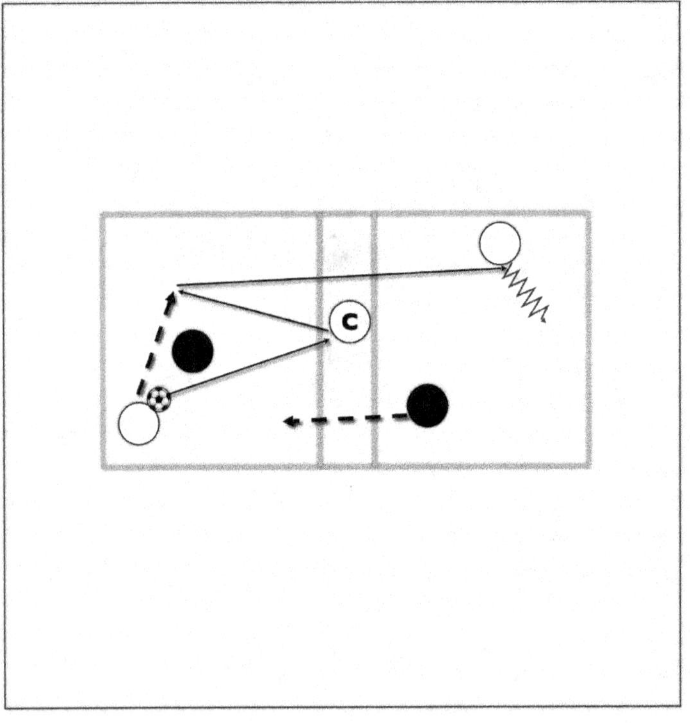

Tarea N° 3	Objetivo Principal	Mejora de la posesión defensiva
	Jugadores	7 (4x3)

Explicación

Los jugadores situados como en la imagen se pasarán el balón entre ellos, en el centro un jugador intentará interceptar el pase pudiendo moverse de manera lateral en el pasillo. El jugador del equipo blanco que se encuentre libre tendrá que desmarcarse al pasillo para recibir y devolver a alguno de sus compañeros para que el contrario no pueda recuperar.

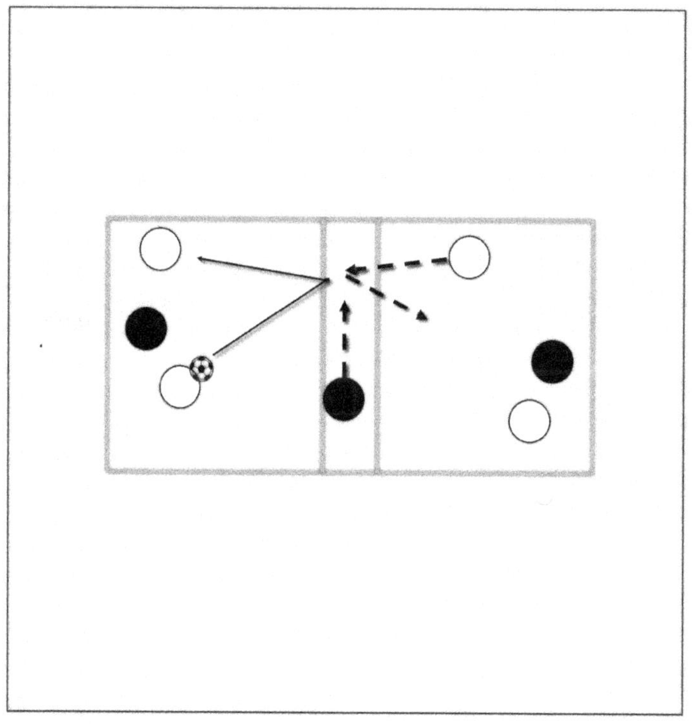

Tarea Nº 5	Objetivo Principal	Mejora del concepto del hombre libre
	Jugadores	5 (2x2+C)
	Explicación	

Los jugadores situados como en la imagen se pasarán el balón entre ellos, en el centro un comodín intentará interceptar el pase pudiendo moverse de manera lateral en el pasillo y los jugadores por detrás de cada uno de ellos entrarán para presionar cuando reciban, cuando no esté el balón en el cuadrado estarán fuera. Si recuperan cambiarán los roles. El equipo blanco intentará que no recupere el balón el equipo negro.

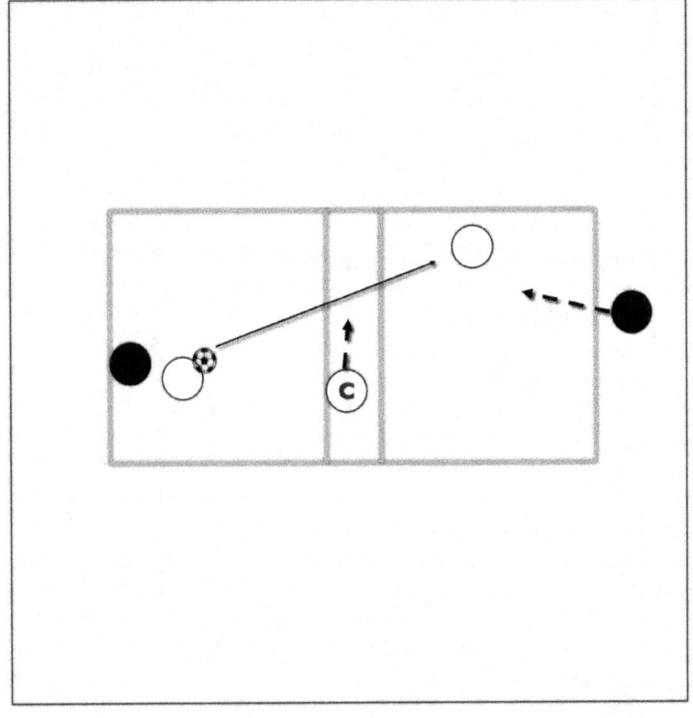

Tarea N° 5	Objetivo Principal	Mejora de la posesión defensiva
	Jugadores	12 (8x4)

Explicación

Los equipos situados como en la imagen. El equipo negro tiene el balón y cuando sean igualdad numérica dentro de su cuadrado jugarán con los compañeros de otro cuadrado para seguir manteniendo el balón, alejarlo del rival y que no pueda recuperar.

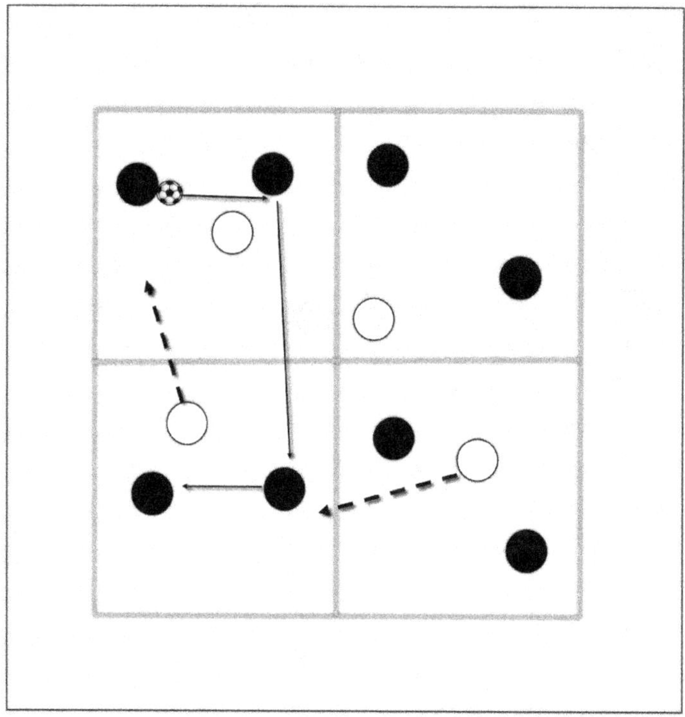

Tarea N° 6	Objetivo Principal	Mejora de la posesión defensiva
	Jugadores	20 (12x8)
	Explicación	

Los equipos situados como en la imagen. El equipo negro tiene el balón y el equipo blanco intentará recuperar con libertad de movimientos. Los jugadores de la línea divisoria del equipo negro pasarán a de una zona a otra según donde este el balón para seguir manteniendo en amplitud en cada espacio y alejar el balón del rival para que no pueda recuperar.

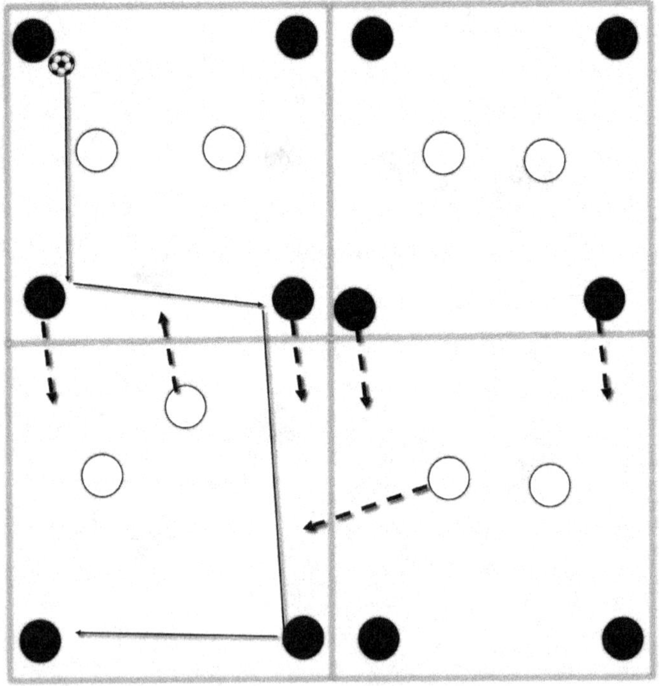

Tarea N° 7	Objetivo Principal	Mejora de la posesión defensiva
	Jugadores	9 (4x4+C)

Explicación

El equipo poseedor del balón se apoyará en el comodín para cambiar el espacio de juego (cualquiera de los cuatro sectores) para que el equipo que no tiene balón no pueda recuperar y alejarle el balón .

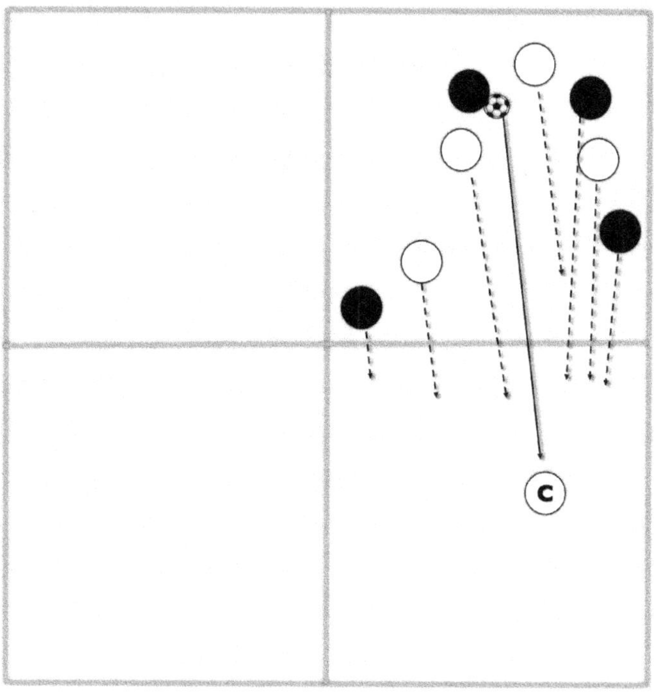

Tarea Nº 8	Objetivo Principal	Mejora de la posesión defensiva
	Jugadores	12 (6x6)

Explicación

El equipo poseedor del balón intentará que se juegue en sus dos sectores en los que siempre tendrá un jugador para ser superioridad numérica e intentar mover al otro equipo, alejarle el balón y que no pueda recuperar.

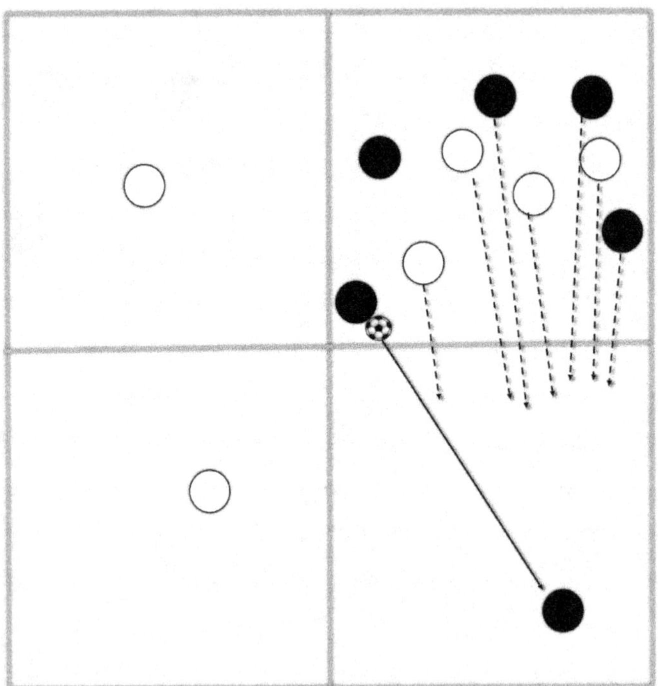

Tarea N° 9	Objetivo Principal	Mejora de la posesión defensiva
	Jugadores	9 (4x4+C)

Explicación

El equipo poseedor del balón intentará mantener la posesión de balón y que el otro equipo no recupere alejando el balón de la zona en la que esté el rival. El comodín buscará una posición alejada para cambiar la zona de juego.

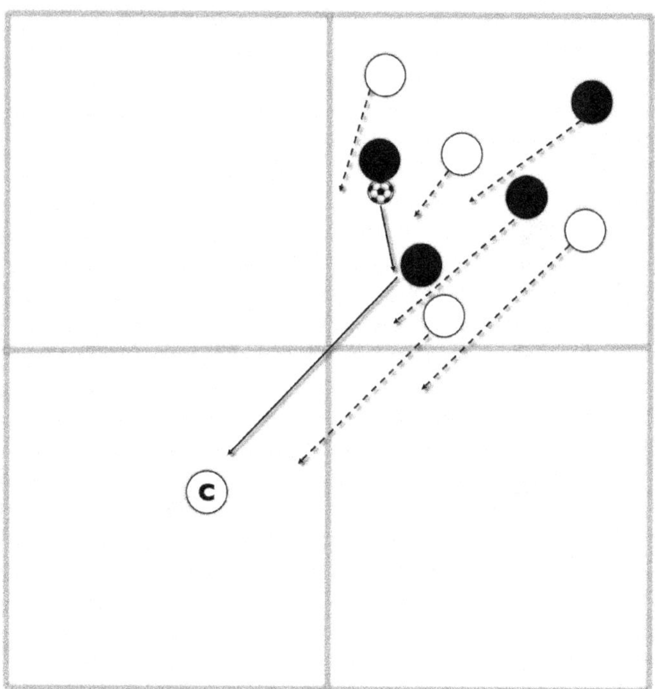

Tarea Nº 10	Objetivo Principal	Mejora de la posesión defensiva
	Jugadores	9 (4x4+C)

Explicación

Los equipos situados como en la imagen. El equipo negro tiene el balón cada uno en su zona junto con el comodín y el equipo blanco podrá presionar libremente para recuperar. Si recupera, cambiarán los roles y el comodín pasará a jugar con el equipo blanco. El equipo poseedor buscará las zonas libres de rivales para que no pueda recuperar el rival.

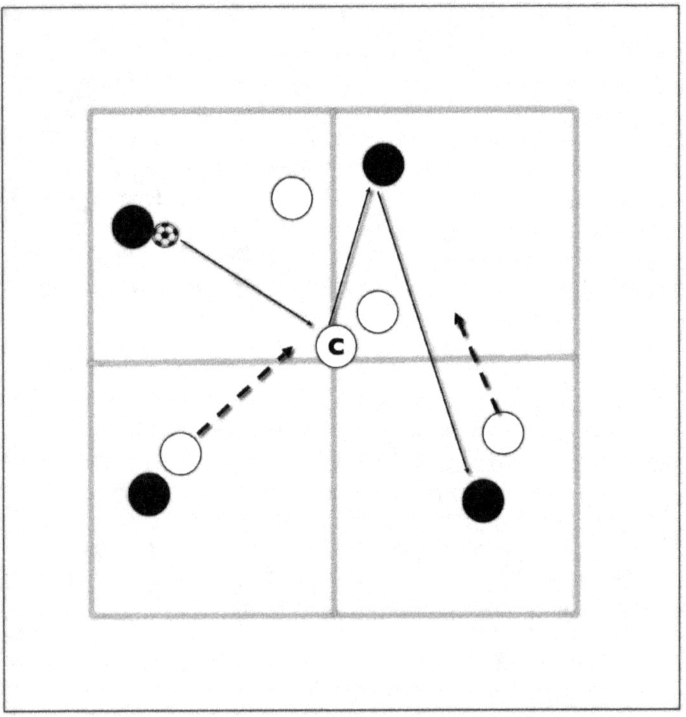

Tarea N° 11	Objetivo Principal	Mejora de la posesión defensiva
	Jugadores	9 (4x4+C)

Explicación

Los equipos situados como en la imagen. El equipo que está por fuera intentará mantener la posesión de balón con el comodín. Si el equipo blanco roba, cambiará el rol con el equipo negro y podrá jugar con el comodín.

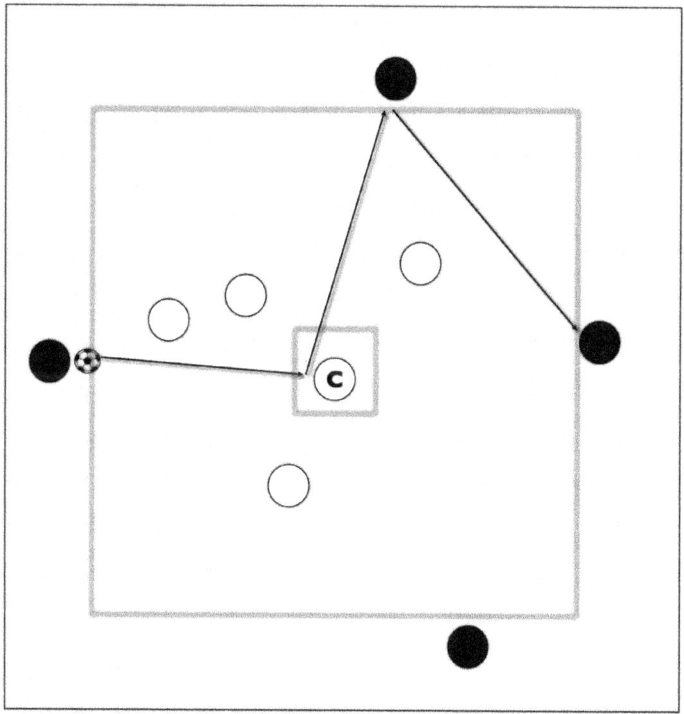

Tarea Nº 12	Objetivo Principal	Mejora de la posesión defensiva
	Jugadores	8 (4x4)

Explicación

En un cuadrado dividido en dos partes un equipo tiene que mantener el balón en una mitad y el otro en la otra. Cuando se recupera el balón se juega con el compañero que estaba en la otra mitad (que será presionado por el que estaba fuera del cuadrado del equipo que comenzó con la posesión), este jugará con sus compañeros. Se irán ambos equipos a jugar al nuevo espacio, dejando el que recuperó un jugador fuera y el que tiene que robar uno en la mitad en la que se partió para recibir cuando su equipo recupere.

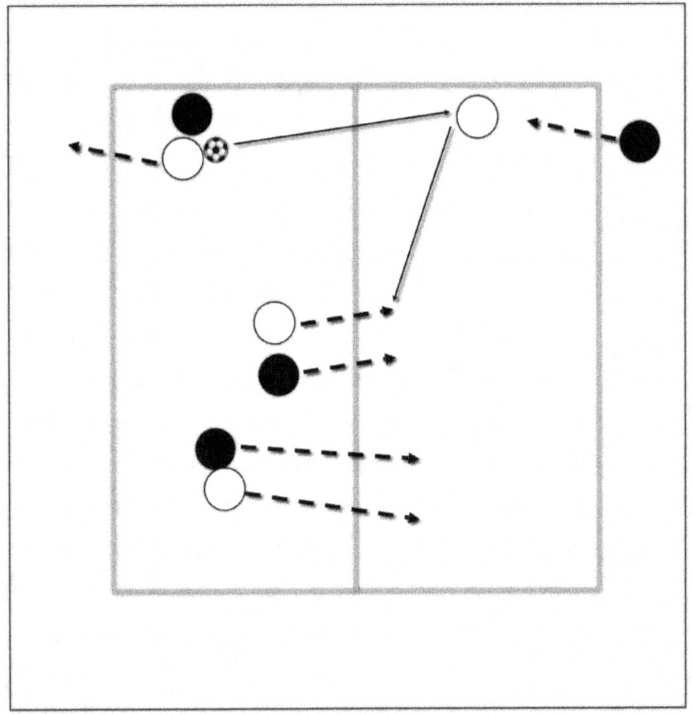

Tarea	Objetivo Principal	Mejora de la posesión defensiva
Nº 13	Jugadores	10 (4x4+2C)

Explicación

En un rectángulo dividido en dos cuadrados, los jugadores se colocan en la disposición de la imagen. El equipo que tiene el balón (blanco) intenta mantener el balón en el cuadrado y cuando considere, para seguir manteniendo la posesión, podrá jugar con el comodín del otro cuadrado y se irán a mantener la posesión en la otra mitad. Los comodines permanecerán a la espera en cada cuadrado a que jueguen con ellos. Si el equipo negro recupera cambiarán los roles.

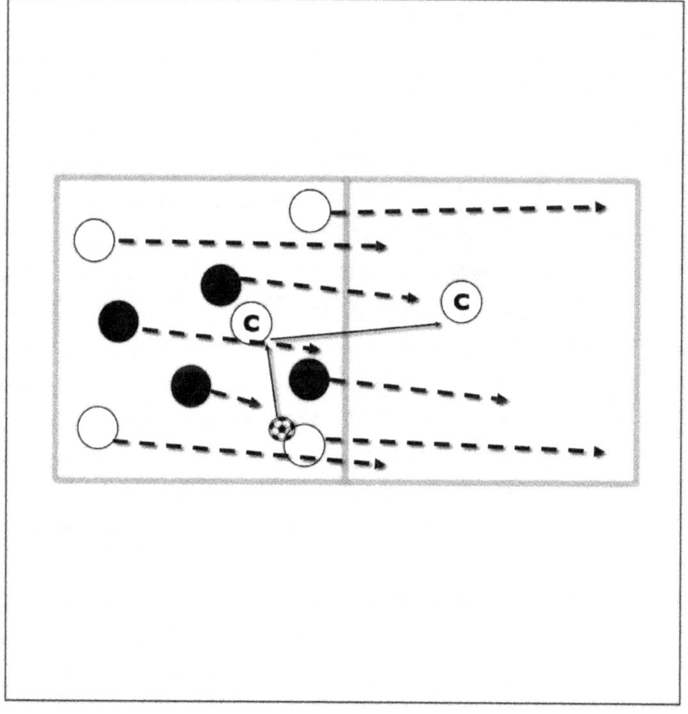

Tarea Nº 14	Objetivo Principal	Mejora de la posesión defensiva
	Jugadores	9 (4x4+C)
Explicación		

En un rectángulo dividido en dos cuadrados. El comodín jugará con el equipo poseedor del balón y dejará siempre un jugador en la zona donde no se esté jugando para cambiar la zona donde se juega, alejar el balón del rival y que no pueda recuperar el balón. Si un equipo recupera cambiarán los roles y el comodín jugará con ellos.

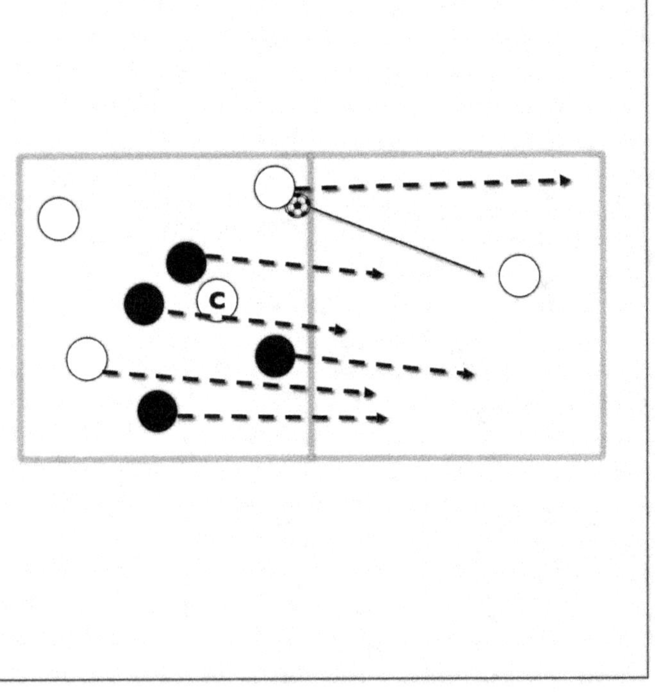

Tarea N° 15	Objetivo Principal	Mejora de la posesión defensiva
	Jugadores	10 (5x4+1)

Explicación

Un equipo tiene el balón y provoca para que el rival entre a presionar al cuadrado. El equipo que está fuera se coordina para entrar a presionar y cuando lo hacen el equipo que tiene el balón pasará al jugador del otro cuadrado (si pasa un solo jugador dentro a presionar podrán pasar el balón al otro cuadrado). Cuando reciba el jugador libre en el otro cuadrado esperará a todos sus compañeros menos uno, que quedará donde empezaron para esperar el pase y que vengan los compañeros al cuadrado a mantener el balón y alejarlo del rival. El otro equipo tendrá que entrar a presionar en el otro cuadrado. Si roban o interceptan el balón cambiarán los roles.

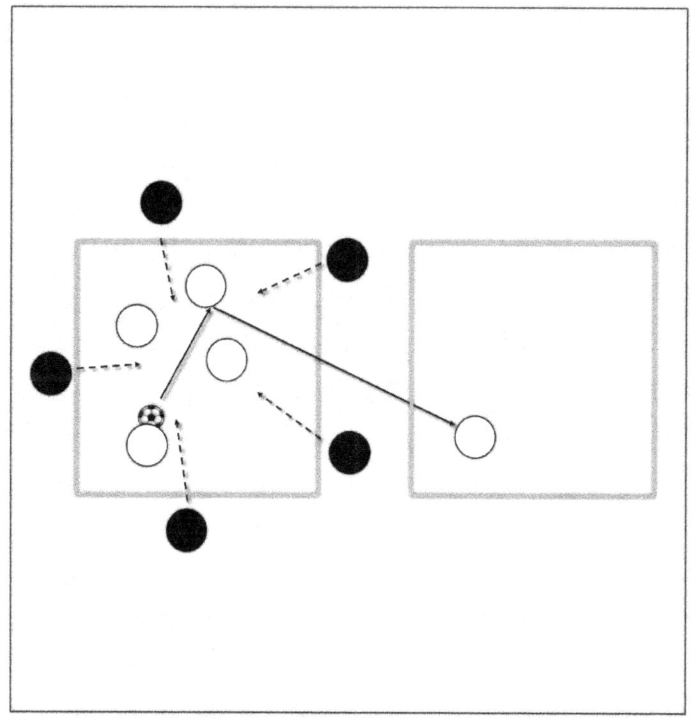

Tarea Nº 16	Objetivo Principal	Mejora de la posesión defensiva
	Jugadores	11 (4x4+3C)

Explicación

En un rectángulo dividido en dos cuadrados. Los comodines sobre las líneas jugarán con el equipo poseedor del balón. Los equipos cuando tengan el balón intentarán mover al equipo rival de una zona a otra para alejarle el balón y que no pueda recuperarlo. Los jugadores tendrán libertad de movimientos y si un equipo recupera el balón cambiarán los roles y los comodines jugarán con el poseedor.

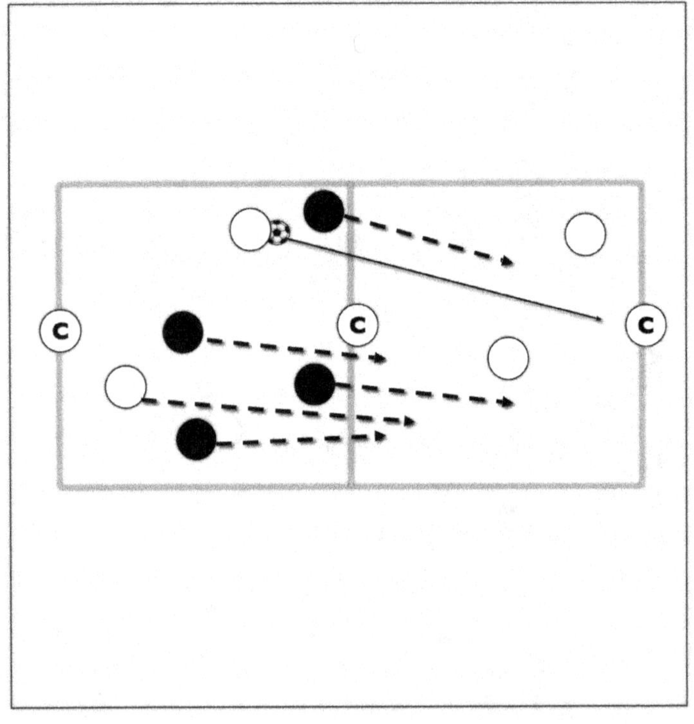

Tarea N° 17	Objetivo Principal	Mejora de la posesión defensiva
	Jugadores	10 (5x5)

Explicación

En un rectángulo dividido en dos cuadrados. Los equipos intentarán mantener la posesión de balón y el equipo poseedor podrá cambiar la zona en la que se juega pasando de una a otra conduciendo para alejarlo del rival y que no pueda recuperar.

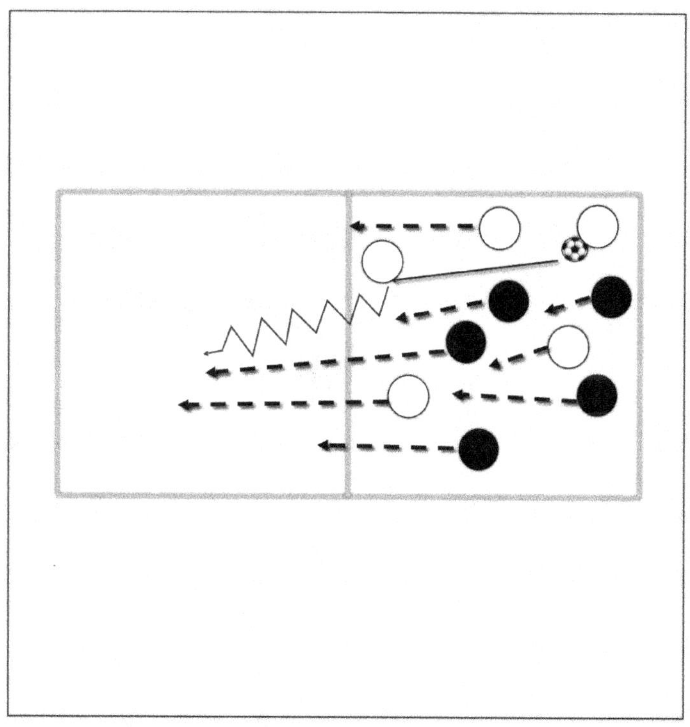

Tarea N° 18	Objetivo Principal	Mejora de la posesión defensiva
	Jugadores	12 (6x6)

Explicación

En un rectángulo dividido en tres campos iguales, los equipos se colocarán en la disposición de la imagen. El equipo blanco intentará tener el balón en el campo 3 y el equipo negro intentará que se juegue en el campo 1 (el campo 2 será "de paso"). El equipo poseedor para mantener el balón en los distintos espacios colocará un jugador sobre las líneas divisorias. Cuando el otro equipo recupere, jugará con los jugadores del campo 2 para que apoyados por los de las líneas poder llevarse el balón a su campo.

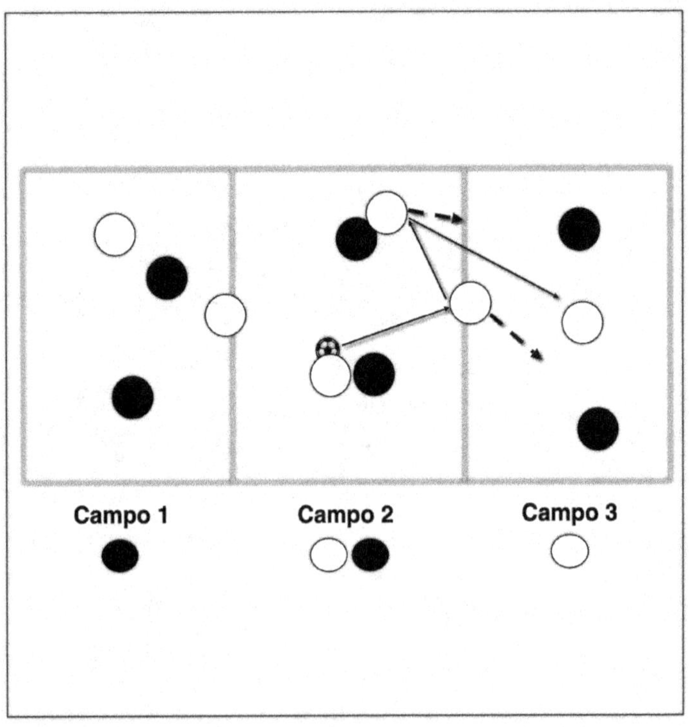

Tarea Nº 19	Objetivo Principal	Mejora de la posesión defensiva
	Jugadores	14 (6x6+2C)

Explicación

En un rectángulo dividido en tres campos iguales, los equipos se colocarán en la disposición de la imagen. El equipo blanco intentará tener el balón y alejarlo del rival apoyado por los comodines sobre las líneas y el equipo negro intentará recuperar el balón pudiendo moverse libremente por los espacios.

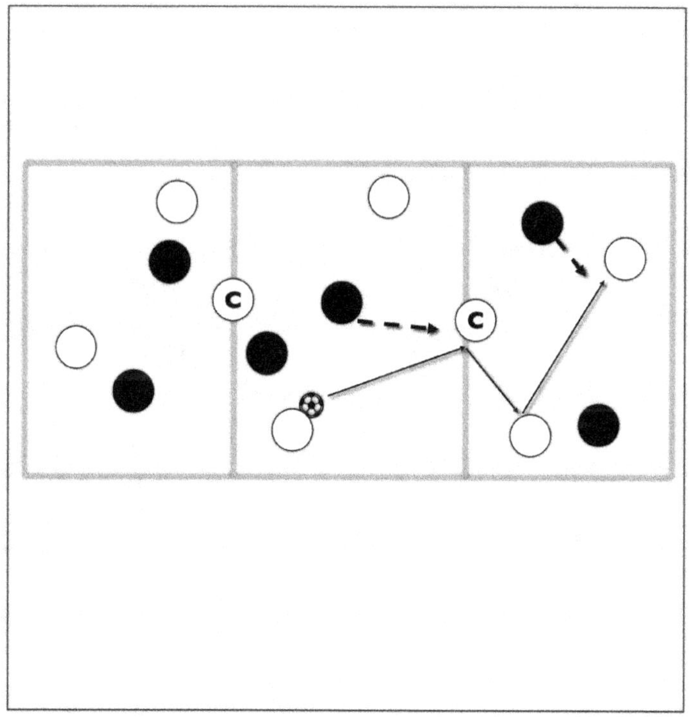

Tarea Nº 20	Objetivo Principal	Mejora de la posesión defensiva
	Jugadores	14 (6x6+4C)

Explicación

En un rectángulo dividido en tres campos iguales, los equipos se colocarán en la disposición de la imagen. El equipo blanco intentará tener el balón y alejarlo de los rivales apoyado por los comodines y el equipo negro intentará recuperar el balón pudiendo moverse libremente por los espacios. Si recupera el balón cambiaran los roles.

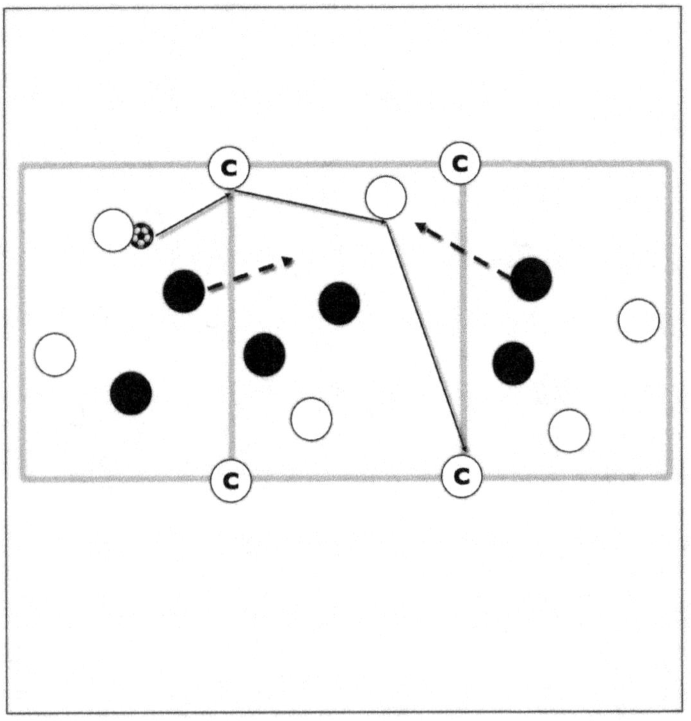

Tarea N° 21	Objetivo Principal	Mejora de la posesión defensiva
	Jugadores	14 (6x6+2C)

Explicación

En un rectángulo dividido en tres campos iguales, los equipos se colocarán en la disposición de la imagen. El equipo blanco intentará tener el balón y el equipo negro intentará recuperar. Los comodines participarán con el equipo poseedor. Los jugadores del equipo sin balón podrán cambiar de zona para recuperar y el equipo con balón llevará el balón a las zonas donde tenga superioridad numérica para que el rival no pueda recuperar.

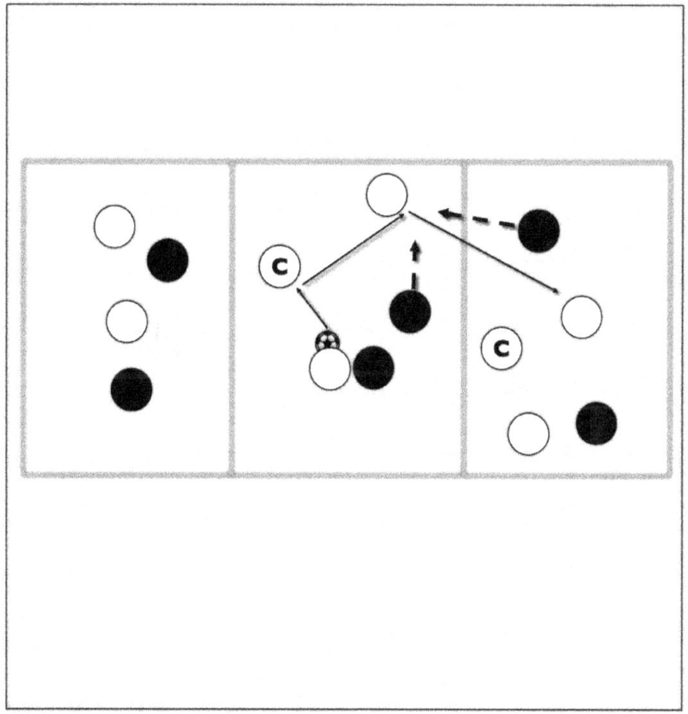

Tarea N° 22	Objetivo Principal	Mejora de la posesión defensiva
	Jugadores	16 (6x6+4C)

Explicación

En un rectángulo dividido en tres campos iguales los equipos se colocarán en la disposición de la imagen y los comodines sobre las líneas. Pudiendo abandonar los jugadores del equipo que no tiene balón su zona para intentar recuperar. El equipo poseedor cambiará el balón de zona para alejarlo de la presión del rival apoyado por los comodines y pudiendo cambiar el balón de una a otra para mantener la posesión. Si un equipo recupera cambiarán los roles.

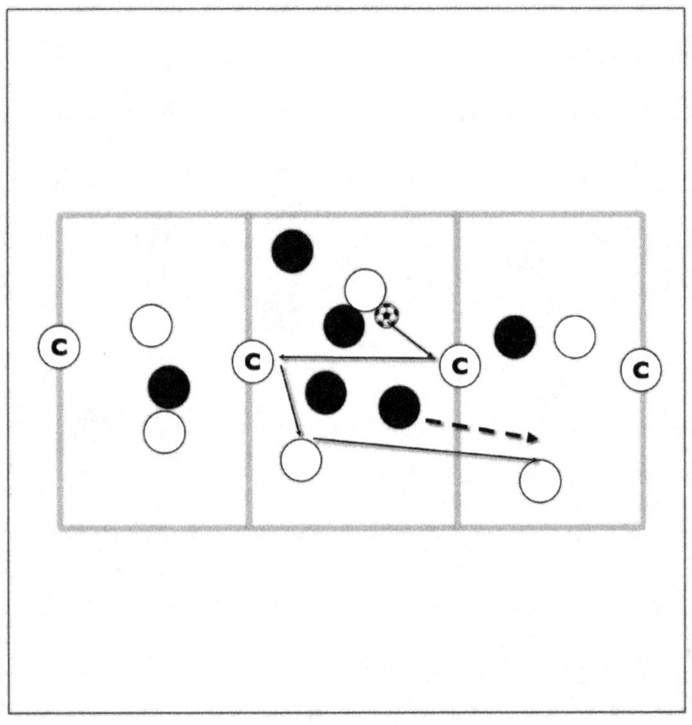

Tarea N° 23	Objetivo Principal	Mejora de la posesión defensiva
	Jugadores	18

Explicación

En un rectángulo dividido en 8 partes iguales distribuidos los jugadores como en la imagen (uno de cada equipo en cada cuadrado) y los comodines sobre las líneas. Cada equipo tendrá que mantener la posesión de balón apoyándose en los comodines que tendrán libertad de movimientos. El equipo que quiere recuperar también podrán abandonar su zona los jugadores y el equipo poseedor llevará a las zonas donde menos influencia tenga el rival.

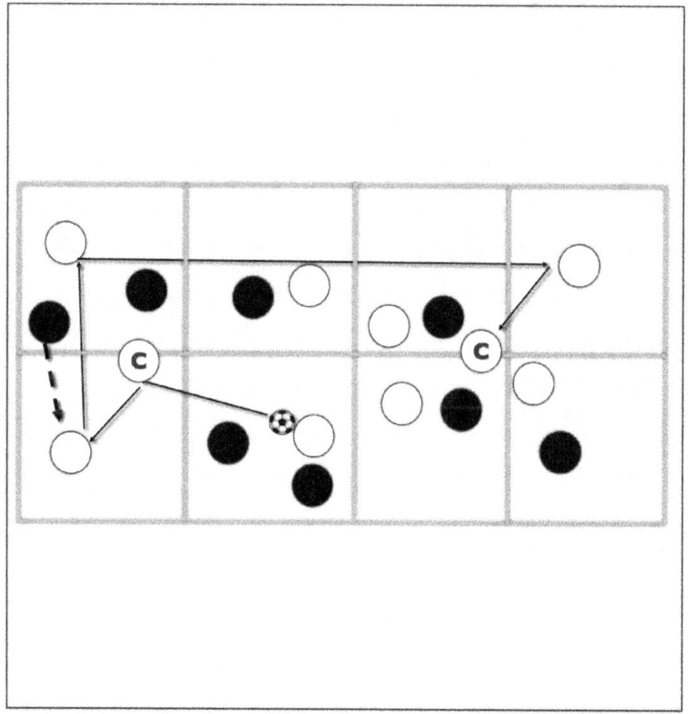

Tarea N° 24	Objetivo Principal	Mejora de la posesión defensiva
	Jugadores	18
Explicación		

En un rectángulo dividido en 8 partes iguales distribuidos los jugadores como en la imagen (uno de cada equipo en cada cuadrado) y los comodines sobre las líneas. Cada equipo tendrá que mantener la posesión de balón apoyándose en los comodines que tendrán libertad de movimientos para que el otro equipo no recupere.

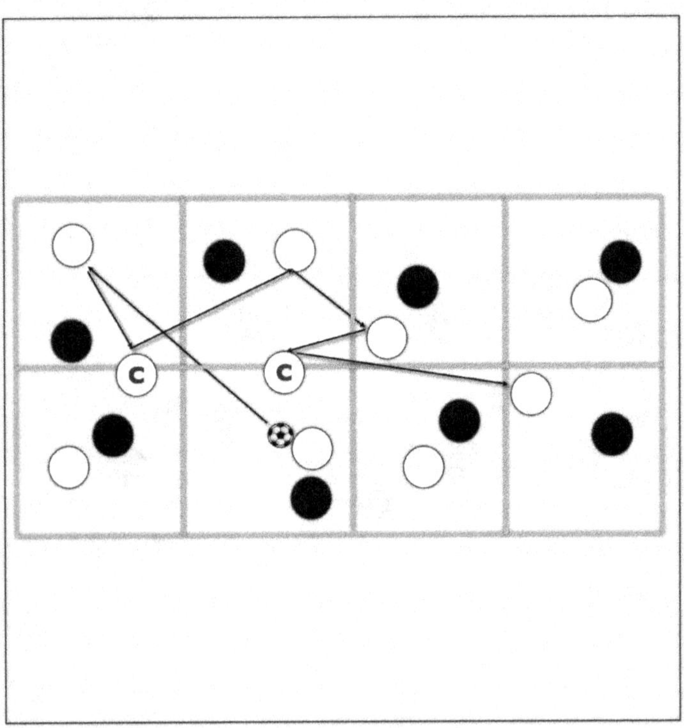

Tarea N° 25	Objetivo Principal	Mejora de la posesión defensiva
	Jugadores	10 (3+1+3x3)

Explicación

En un rectángulo dividido en dos cuadrados, el comodín se sitúa en el centro y los tres equipos como en la imagen. Se juega cuatro contra tres en un cuadrado, los jugadores que tienen el balón solo podrán entrar en el cuadrado cuando el comodín juegue con ellos e intenten cambiar al otro cuadrado. Cuando el balón pasa al otro cuadrado, los que roban cambian de cuadrado para intentar recuperar. El equipo que recupera cambia el rol del que perdió el balón.

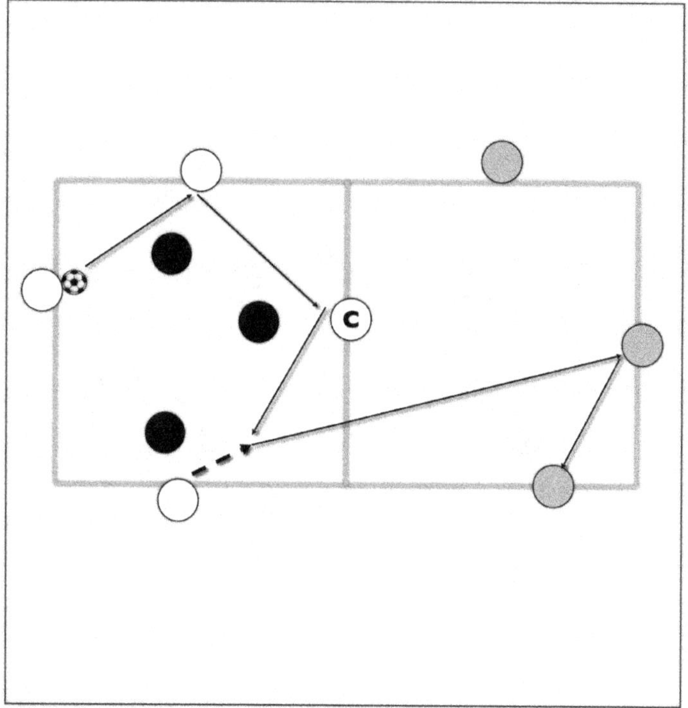

Tarea Nº 26	Objetivo Principal	Mejora de la posesión defensiva
	Jugadores	17 (8x8+C)

Explicación

En un rectángulo dividido en dos cuadrados, con un pasillo central, el comodín se sitúa en el pasillo y los equipos se reparten cuatro contra cuatro en cada cuadrado, apoyados por el comodín cuando tienen la posesión de balón como en la imagen. Los jugadores se apoyarán en el comodín para mantener la posesión en superioridad en los cuadrados. Si un equipo recupera el balón cambiarán los roles.

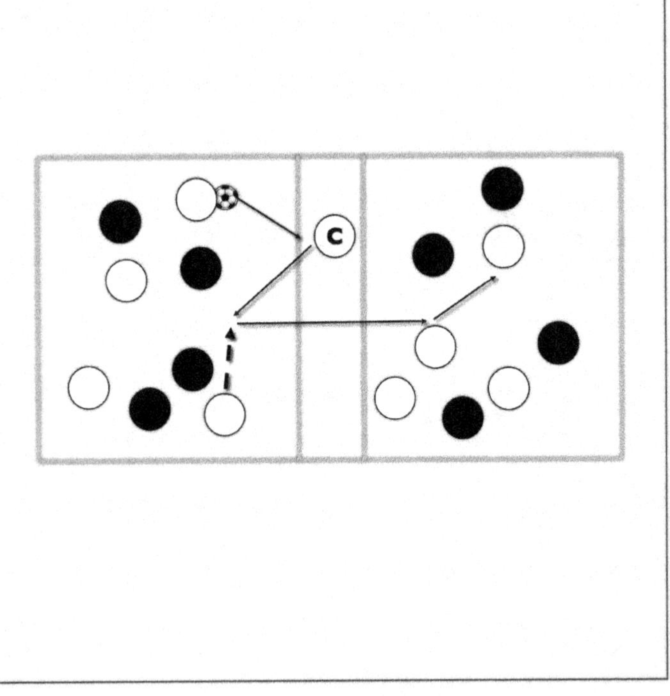

Tarea N° 27	Objetivo Principal	Mejora de la posesión defensiva
	Jugadores	18

Explicación

En un rectángulo dividido en 6 partes iguales distribuidos los jugadores como en la imagen. Cada equipo tendrá que mantener la posesión de balón buscando que el rival no pueda recuperar. Los jugadores solo podrán salir de su zona para interceptar.

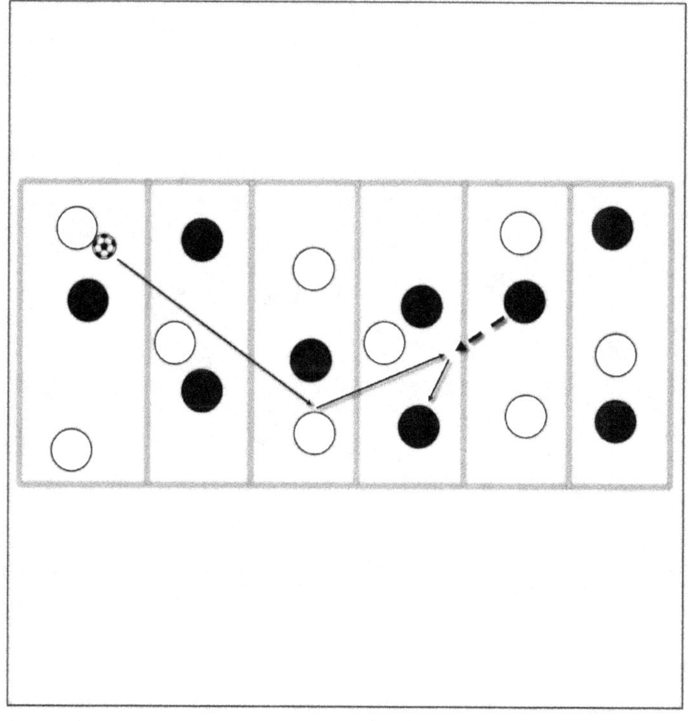

Tarea N° 28	**Objetivo Principal**	Mejora de la posesión defensiva
	Jugadores	18
Explicación		

En un rectángulo dividido en 6 partes iguales distribuidos los jugadores con el mismo número en cada zona. Cada equipo tendrá que mantener la posesión de balón buscando que el rival no pueda recuperar. El equipo que no tiene balón tendrá libertad de movimientos para recuperar y el que tiene el balón lo alejará de donde haya más rivales.

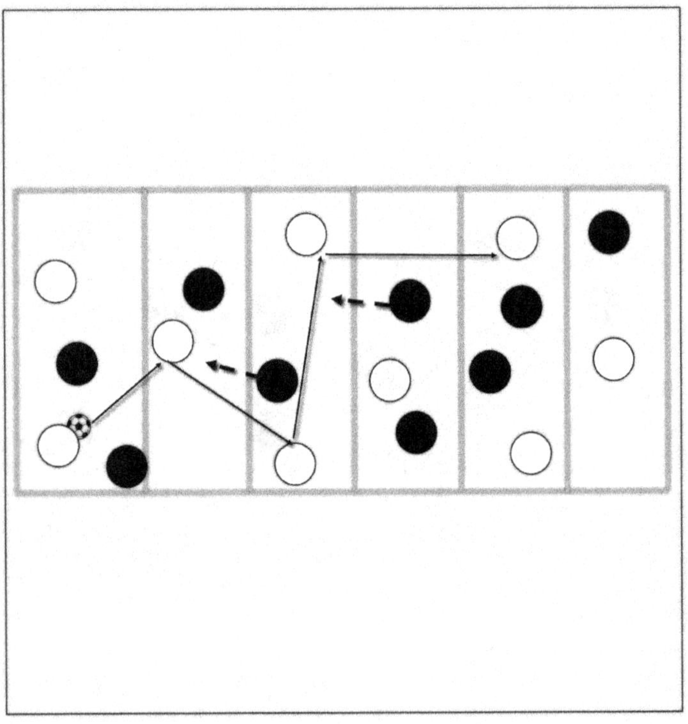

Tarea N° 29	Objetivo Principal	Mejora de la posesión defensiva
	Jugadores	16

Explicación

En un rectángulo dividido en 6 partes iguales distribuidos los jugadores como en la imagen. El equipo poseedor se colocará dentro de las zonas y mantendrá la posesión de balón y el equipo sin balón sobre las líneas divisoria intentando interceptar el balón. Si intercepta un equipo cambian los roles.

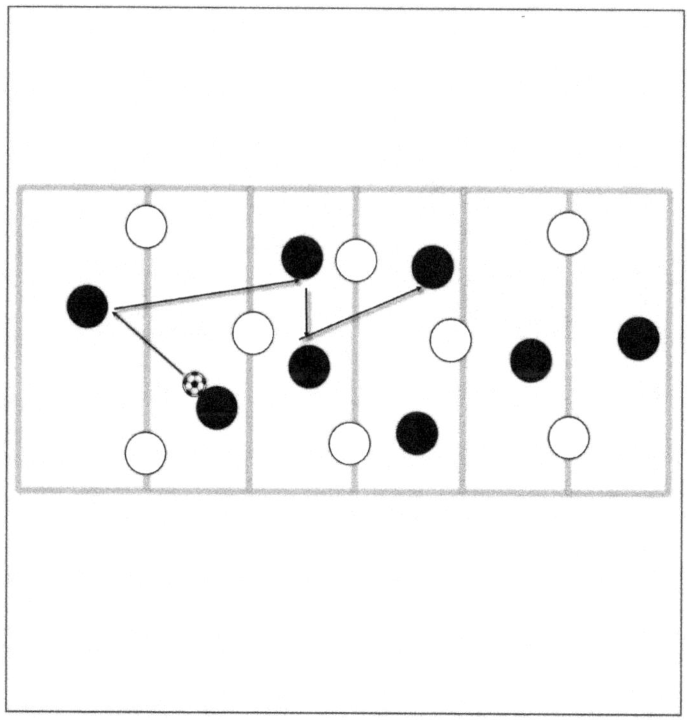

Tarea N° 30	Objetivo Principal	Mejora de la posesión defensiva
	Jugadores	9 (4x4+C)

Explicación

En un rectángulo dividido en dos cuadrados, los jugadores se colocan en la disposición de la imagen. El equipo que tiene el balón (blanco) intenta mantener el balón en cualquiera de las dos zonas. Cuando se sienta presionado podrá cambiar de zona jugando con el comodín. Si el otro equipo (negro) recupera cambiarán los roles y podrá jugar con el comodín para seguir manteniendo la posesión de balón.

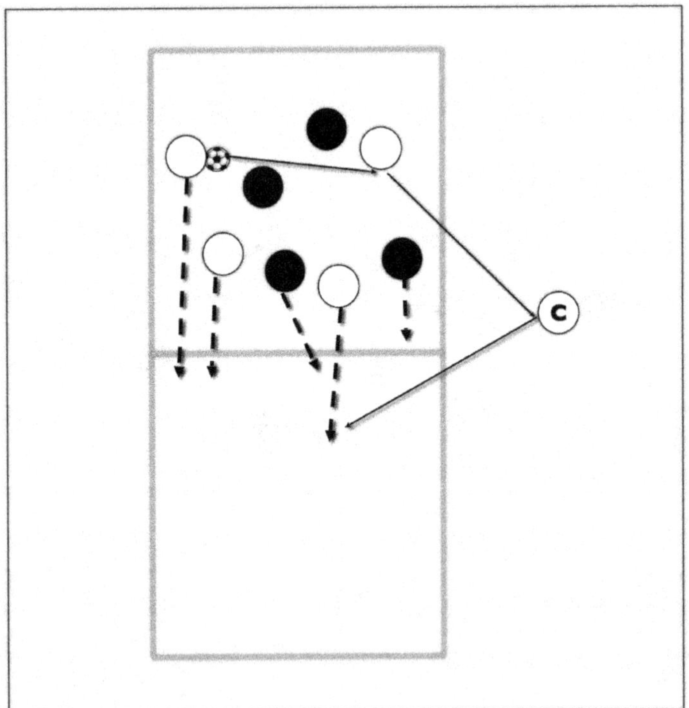

Tarea Nº 31	Objetivo Principal	Mejora de la posesión defensiva
	Jugadores	10 (P+1+4x4)

Explicación

En un rectángulo dividido en dos cuadrados, los jugadores se colocan en la disposición de la imagen. El equipo que tiene el balón (blanco) intenta mantener el balón en el cuadrado alejado de la portería. El otro equipo (negro) intentará recuperar y salir conduciendo del cuadrado para enfrentar al jugador que está en la otra mitad y hacer gol. Si este jugador recupera pasa a sus compañeros para que sigan manteniendo el balón donde empezaron.

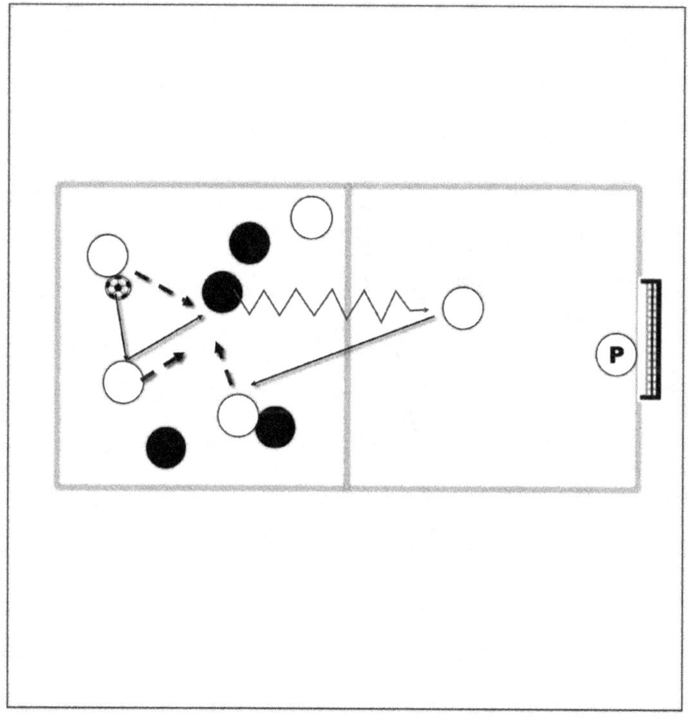

Tarea N° 32	Objetivo Principal	Mejora de la posesión defensiva
	Jugadores	9 (P+4x4)

Explicación

En un rectángulo dividido en dos cuadrados, los jugadores se colocan en la disposición de la imagen. El equipo que tiene el balón (blanco) intenta mantener el balón en el cuadrado alejado de la portería apoyado por el portero sobre la línea. El otro equipo (negro) intentará recuperar y atacar la portería. Si recupera el balón el equipo blanco seguirá manteniendo en el cuadrado alejado donde empezaron.

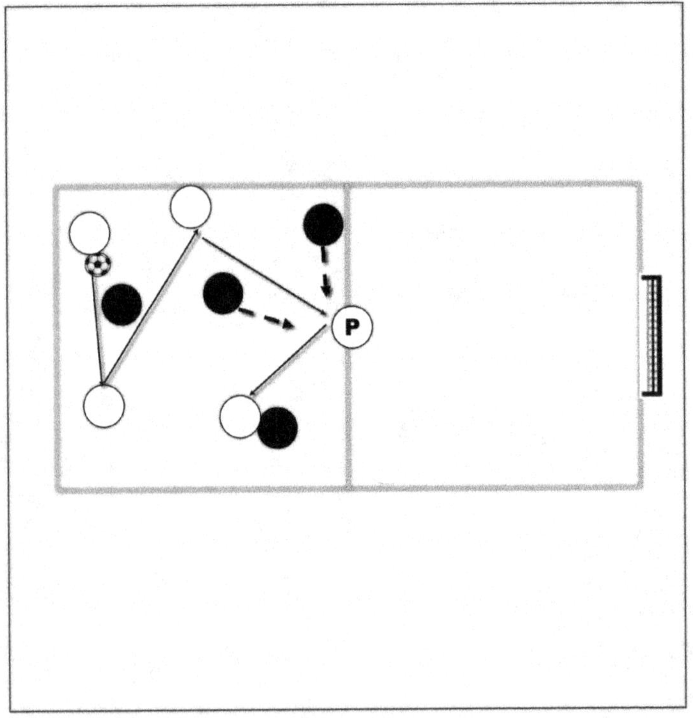

Tarea N° 33	Objetivo Principal	Mejora de la posesión defensiva
	Jugadores	10 (P+1+4x4)

Explicación

En un rectángulo dividido como en la imagen, los jugadores del equipo blanco distribuidos como en la imagen. El equipo que tiene el balón (blanco) intenta mantener el balón en las zonas alejadas de la portería apoyado por el portero sobre la línea. El otro equipo (negro) intentará recuperar y atacar la portería. Si recupera el balón el equipo blanco seguirá manteniendo en las zonas alejadas donde empezaron para no ser atacado.

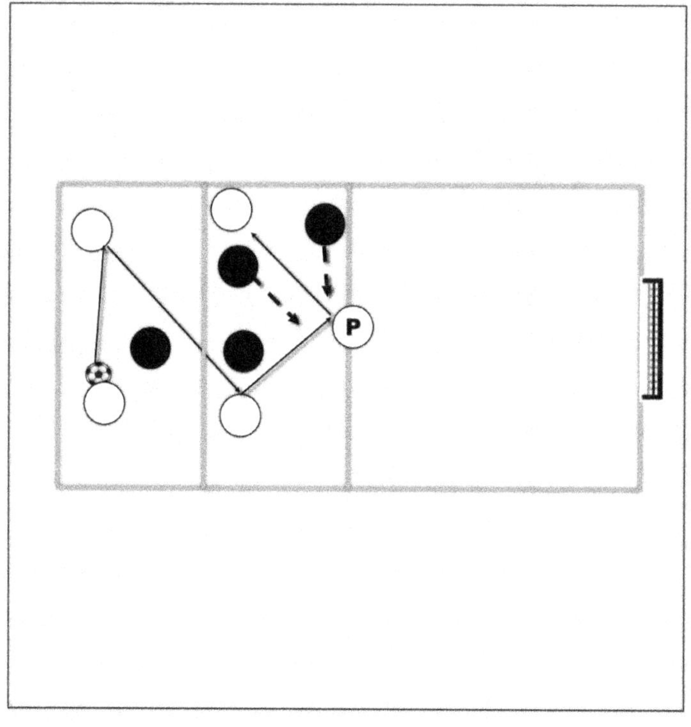

Tarea Nº 34	Objetivo Principal	Mejora de la posesión defensiva
	Jugadores	10 (P+1+4x4)

Explicación

En un cuadrado dividido como en la imagen y los jugadores distribuidos en la disposición de la imagen. El equipo que tiene el balón (blanco) intenta mantener el balón en las zonas alejadas de la portería apoyado por el jugador que está fuera para cambiar de zona y seguir manteniendo el balón. El otro equipo (negro) intentará recuperar y salir conduciendo del cuadrado para enfrentar al jugador que está en la otra mitad y hacer gol. Si este jugador recupera pasa a sus compañeros para que sigan manteniendo el balón donde empezaron.

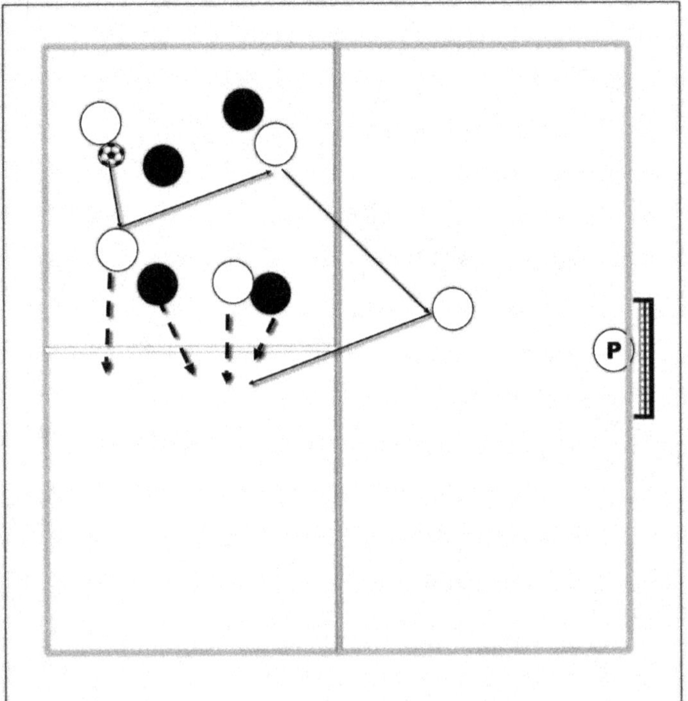

Tarea N° 35	Objetivo Principal	Mejora de la posesión defensiva
	Jugadores	9 (P+4x4)

Explicación

En un cuadrado dividido como en la imagen y los jugadores distribuidos en la disposición de la imagen. El equipo que tiene el balón (blanco) intenta mantener el balón no pudiendo salir cada jugador de su zona y apoyados por el portero que está fuera para cambiar de zona, seguir manteniendo el balón y no ser atacados. El otro equipo (negro) intentará recuperar y salir conduciendo de los cuadrados para enfrentar al portero que está en la otra mitad y hacer gol. Si el portero recupera pasa a sus compañeros para que sigan manteniendo el balón donde empezaron.

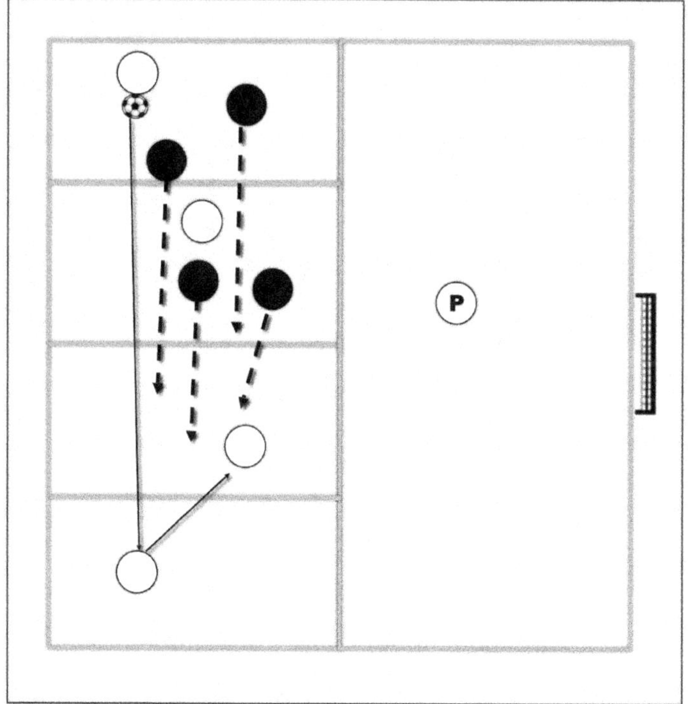

Tarea N° 36	Objetivo Principal	Mejora de la posesión defensiva
	Jugadores	11 (P+5x5)

Explicación

En un cuadrado dividido como en la imagen y los jugadores distribuidos en la disposición de la imagen. El equipo que tiene el balón (blanco) intenta mantener el balón no pudiendo salir cada jugador de su zona apoyado por el portero que está fuera para cambiar de zona y seguir manteniendo el balón. El otro equipo (negro) intentará recuperar y salir conduciendo de los cuadrados para enfrentar al portero que está en la otra mitad y hacer gol. Si el portero recupera pasa a sus compañeros para que sigan manteniendo el balón donde empezaron.

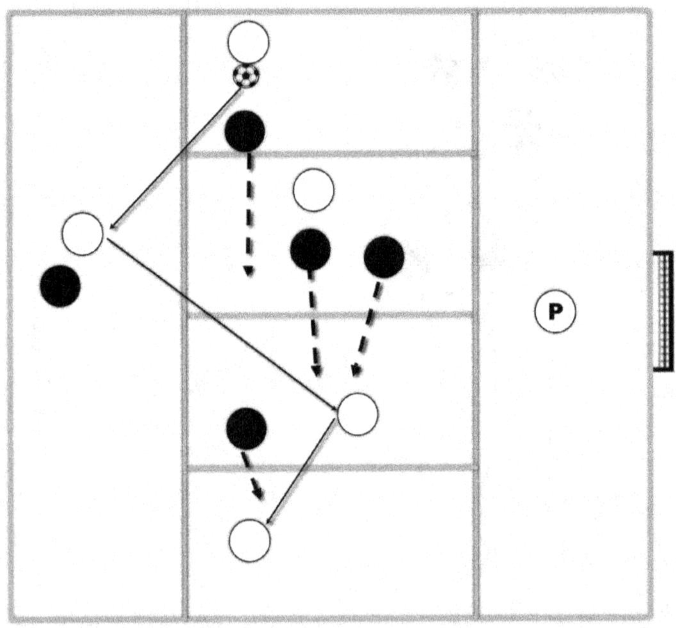

Tarea N° 37	Objetivo Principal	Mejora de la posesión defensiva
	Jugadores	9 (4x4+P)

Explicación

Los jugadores se distribuyen como en la imagen. El equipo blanco intentará con una línea de cuatro y el portero mantener la posesión de balón y el equipo negro intentará recuperar para atacar a la portería. Si el equipo blanco pierde y después recupera, seguirá manteniendo la posesión de balón intentando que el equipo negro no pueda atacar.

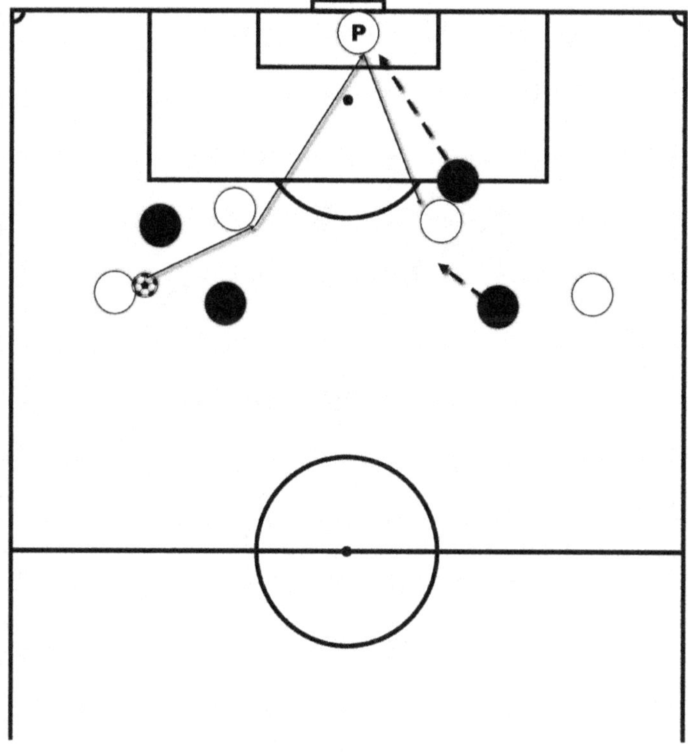

Tarea N° 38	Objetivo Principal	Mejora de la posesión defensiva
	Jugadores	11 (5x5+P)

Explicación

Los jugadores se distribuyen como en la imagen. El equipo blanco intentará con una línea de cuatro y el portero mantener la posesión de balón y el equipo negro intentará recuperar para atacar a la portería. El equipo blanco si se siente presionado podrá jugar con el compañero del cuadrado que será presionado por el jugador que está fuera del mismo que solo podrá entrar cuando reciba dentro del cuadrado.

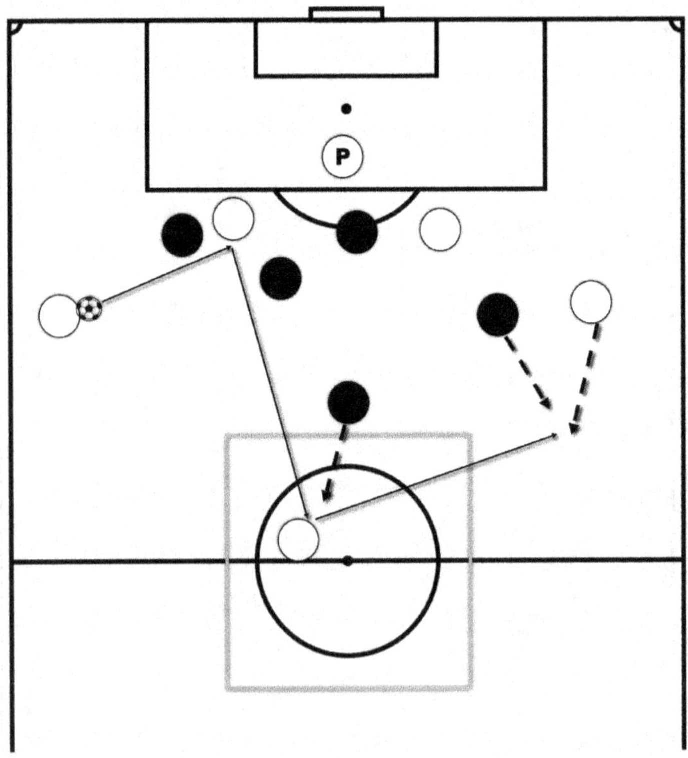

Tarea Nº 39	Objetivo Principal	Mejora de la posesión defensiva
	Jugadores	9 (4x4+P)

Explicación

Los jugadores se distribuyen como en la imagen. El equipo blanco intentará mantener el balón en los cuadrados para que el equipo negro no pueda atacar la portería. Los jugadores del equipo negro podrán cambiar de un cuadrado a otro para recuperar. El equipo blanco utilizará al portero que está entre los cuadrados para cambiar el balón de un cuadrado a otro.

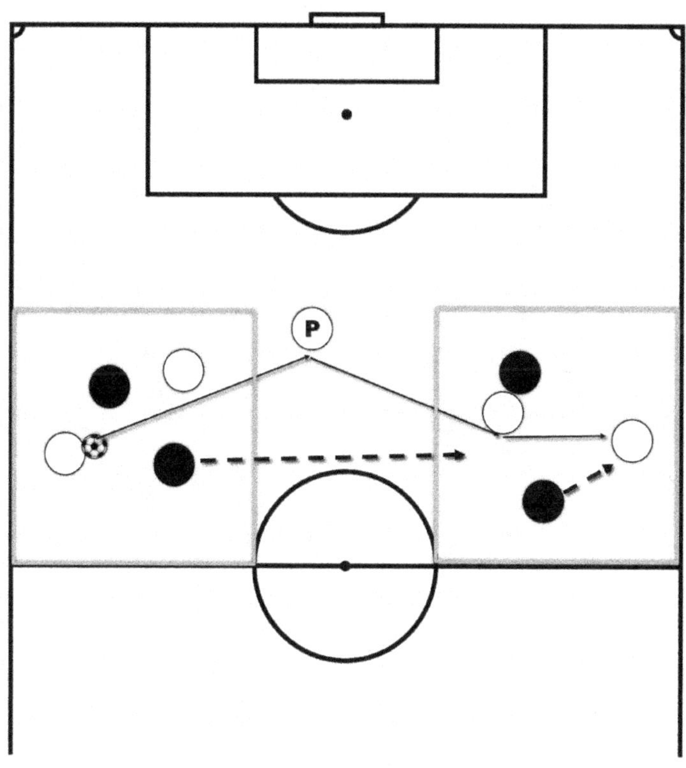

Tarea N° 40	Objetivo Principal	Mejora de la posesión defensiva
	Jugadores	10 (4x4+C+P)

Explicación

Los jugadores se distribuyen como en la imagen. El equipo blanco intentará mantener el balón en los cuadrados para que el equipo negro no pueda atacar la portería. Los jugadores del equipo negro podrán cambiar de un cuadrado a otro para recuperar. El equipo blanco utilizará al comodín para cambiar el balón de un cuadrado a otro. El comodín podrá cambiarse de cuadrado para mantener la posesión.

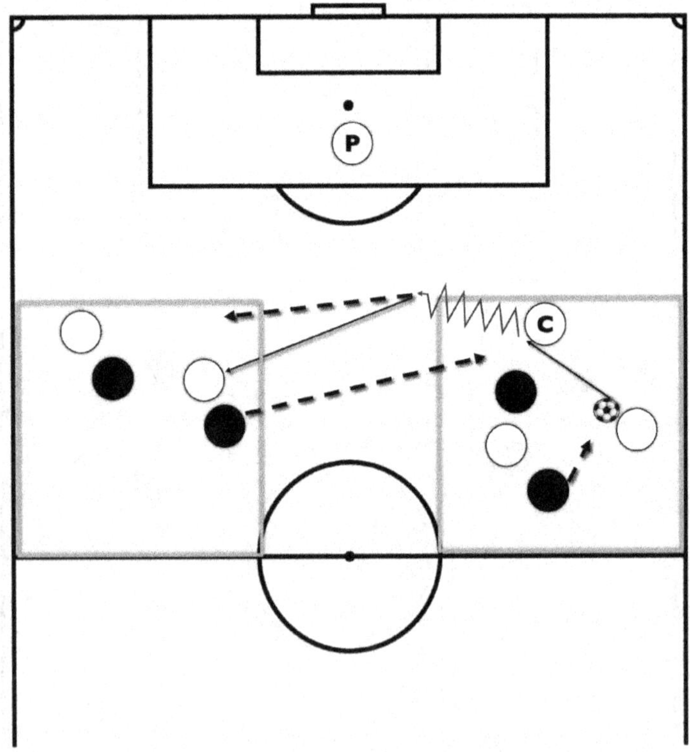

Tarea N° 41	Objetivo Principal	Mejora de la posesión defensiva
	Jugadores	11 (P+5x5)
	Explicación	

Los jugadores se distribuyen como en la imagen. El equipo blanco intentará mantener el balón en el rectángulo durante un tiempo determinado por el entrenador para que el equipo negro no pueda atacar la portería. Los jugadores del equipo negro intentarán robar el balón para atacar a la portería. Si el equipo negro roba el balón el equipo blanco intentará recuperar para mantener el balón en el rectángulo y que no le ataquen. Pasado ese tiempo cambiarán los roles de los equipos para ver quien es capaz de recibir menos goles de los dos equipos en el mismo tiempo.

Tarea N° 42	Objetivo Principal	Mejora de la posesión defensiva
	Jugadores	13 (P+2+5x5)

Explicación

Los jugadores se distribuyen como en la imagen. El equipo blanco intentará mantener el balón en el rectángulo para que el equipo negro no pueda atacar la portería. Los jugadores del equipo negro intentarán robar el balón para atacar a la portería. El equipo blanco se apoyará de los jugadores sobre las líneas para mantener el balón. Si el equipo negro roba el balón el equipo blanco intentará recuperar para mantener el balón en el rectángulo y que no le ataquen.

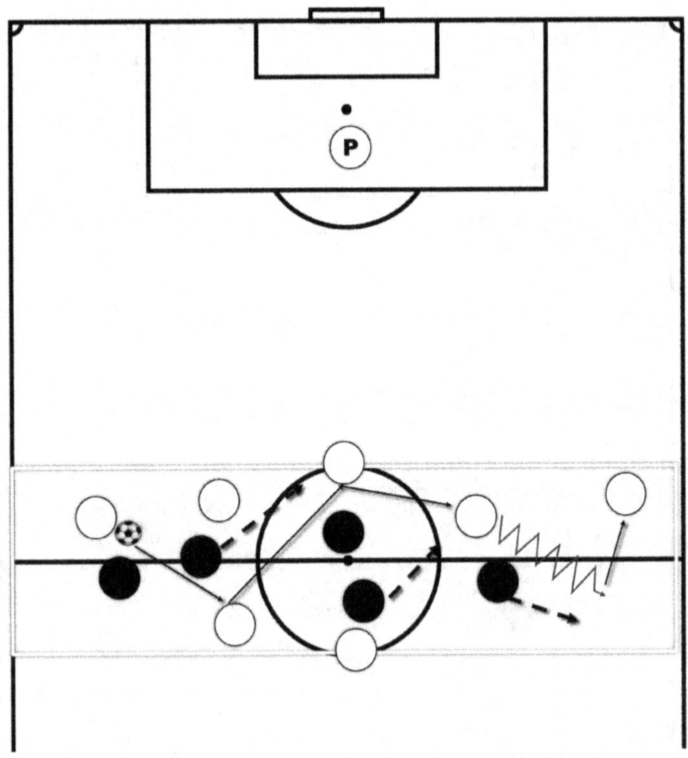

Tarea N° 43	Objetivo Principal	Mejora de la posesión defensiva
	Jugadores	10 (P+4x4+P)

Explicación

En un cuadrado dividido en dos partes con dos porterías y porteros distribuidos como en la imagen. Los equipos intentarán mantener la posesión de balón en la mitad que no está su portería con el fin de que el rival esté alejado de ella. Si el rival roba y puede contraatacar lo hará y si no puede mantendrá el balón en la mitad más alejada de su portería.

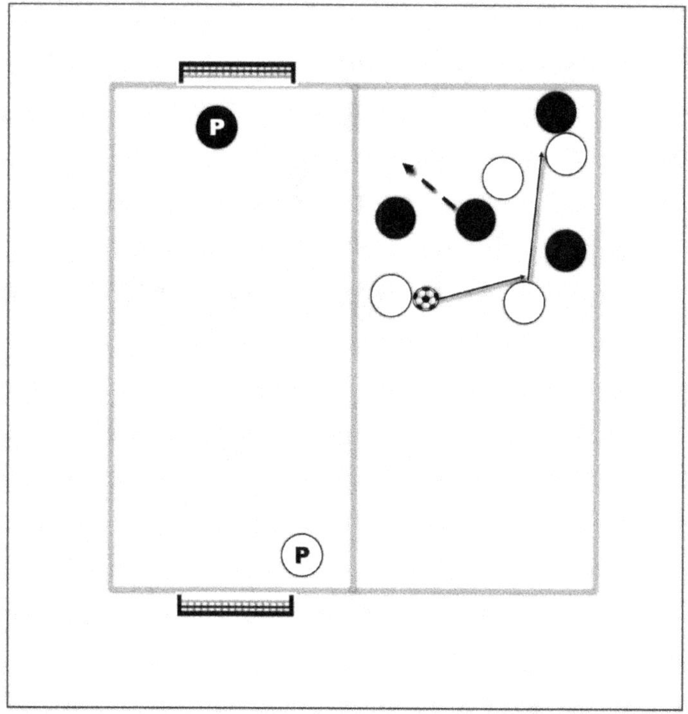

Tarea Nº 44	Objetivo Principal	Mejora de la posesión defensiva
	Jugadores	10 (1+P+3x4+P)

Explicación

En un cuadrado dividido en dos partes con dos porterías y porteros, dejando el equipo con balón solo un jugador en una mitad. Los equipos intentarán atraer a los rivales (que presionarán al balón) a una mitad de campo, pasarán al compañero libre y seguirán manteniendo la posesión pudiendo cambiar la zona donde se juega pasando al jugador que queda en amplitud. Si un equipo roba y hace gol cambia el rol con el otro equipo.

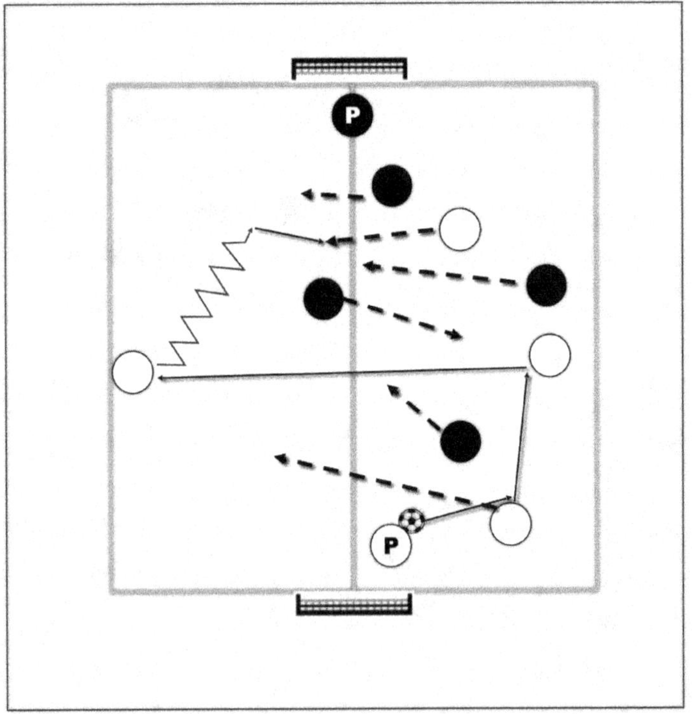

Tarea N° 45	Objetivo Principal	Mejora de la posesión defensiva
	Jugadores	9

Explicación

Los jugadores distribuidos como en la imagen. Cuando el jugador recibe de un portero tiene que mantener la posesión de balón con los porteros y los jugadores de su equipo para que el equipo negro no pueda atacar cualquiera de las porterías. Los jugadores del equipo rival (negro) intentarán robar para hacer gol.

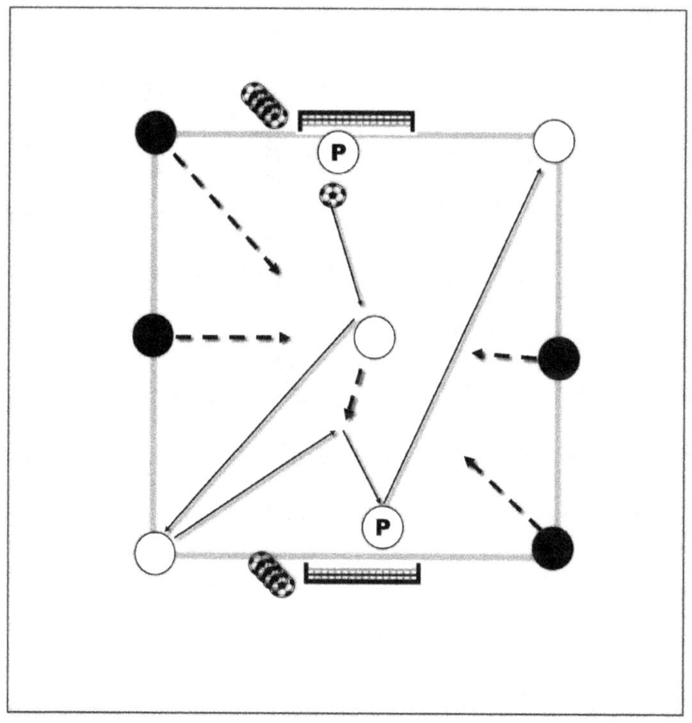

Tarea Nº 46	Objetivo Principal	Mejora de la posesión defensiva
	Jugadores	11

Explicación

Los jugadores distribuidos como en la imagen. El equipo blanco mantendrá la posesión de balón para que el equipo negro no pueda atacar, en caso de que robe el balón el equipo negro intentará recuperar para seguir manteniendo el balón.

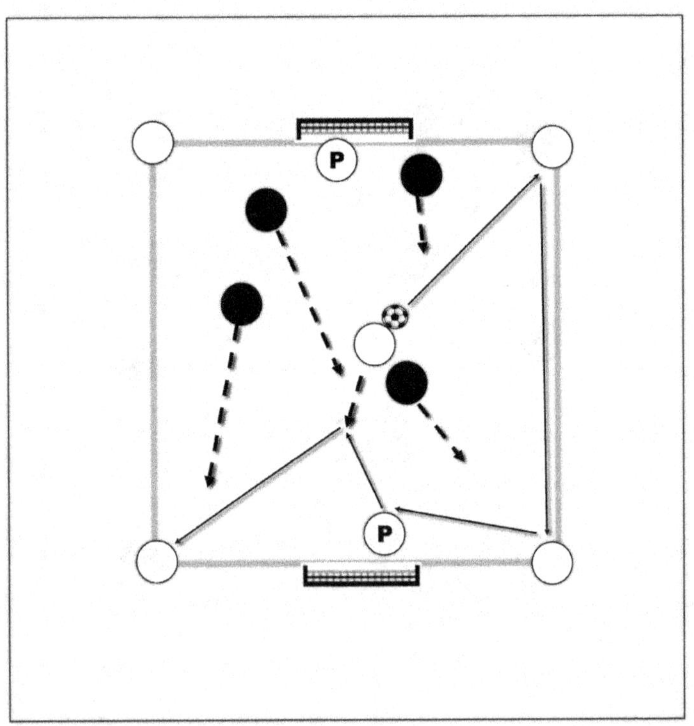

Tarea N° 47	Objetivo Principal	Mejora de la posesión defensiva
	Jugadores	20

Explicación

Partido con sin porteros ni porterías en los que los dos equipos manteniendo sus esquemas de juego intentarán mantener el balón en campo contrario.

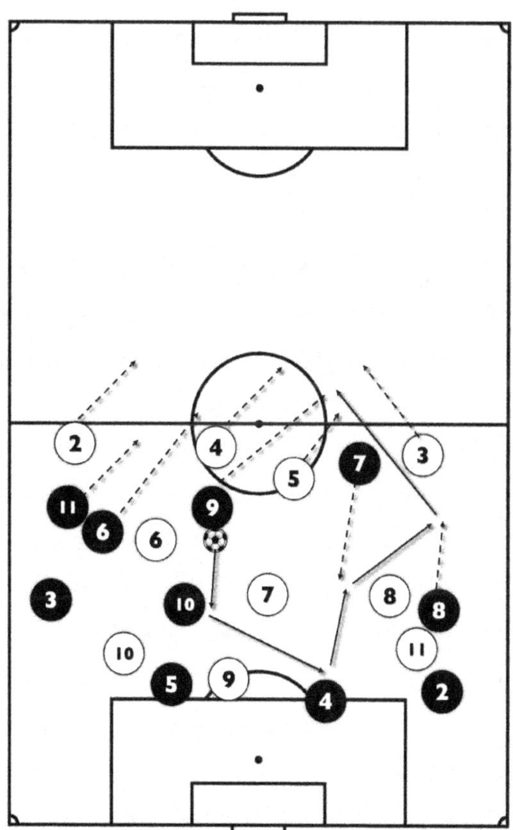

Tarea N° 48	Objetivo Principal	Mejora de la posesión defensiva
	Jugadores	22

Explicación

Un equipo tendrá un tiempo determinado por el entrenador para robar el balón en su propio campo al equipo contrario e intentar hacer el mayor número de goles y después tendrá el mismo tiempo para intentar mantener el balón en el campo rival para que el rival no le pueda atacar y defender el resultado.

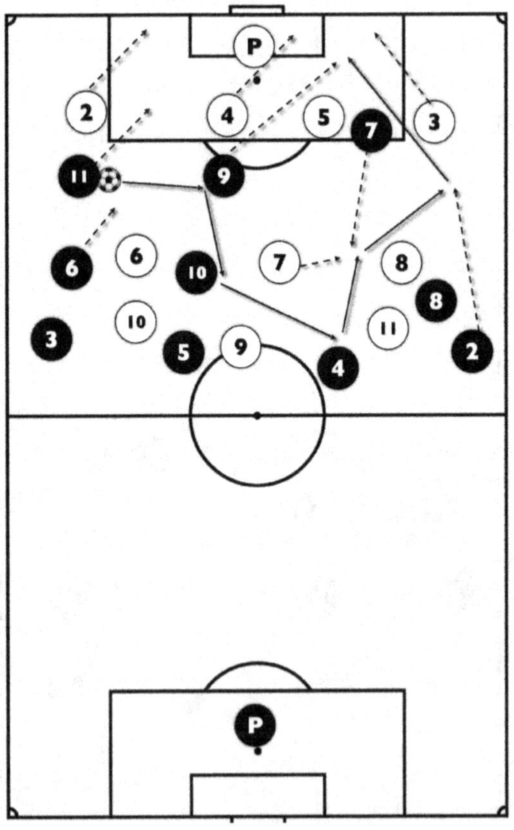

Tarea N° 49	Objetivo Principal	Mejora de la posesión defensiva
	Jugadores	22
Explicación		

Partido en el que el equipo que va ganando intentará mantener la posesión de balón en el rectángulo (seis contra cinco) y el otro equipo intentará robar para hacer gol. El equipo que vaya ganando reanudará manteniendo la posesión de balón. Empezará teniendo el balón el equipo que determine el entrenador (empezará ganando 1-0 y en caso de empate final ganará).

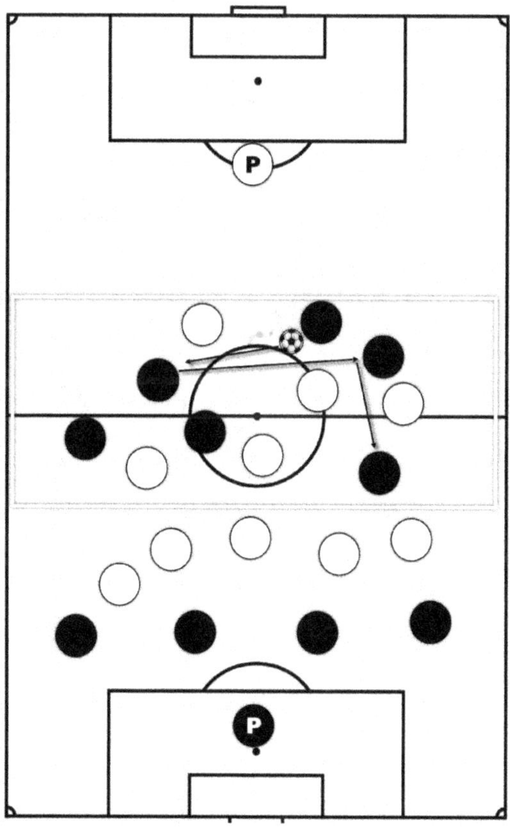

Tarea Nº 50	Objetivo Principal	Mejora de la posesión defensiva
	Jugadores	22

Explicación

Partido en el que un equipo empezará ganado uno a cero al equipo contrario e intentará mantener la posesión de balón pudiendo moverse libremente por todas las zonas del campo con balón y sin balón. El equipo contrario (que irá perdiendo) tratará de recuperar y hacer gol sin poder abandonar sus zonas.

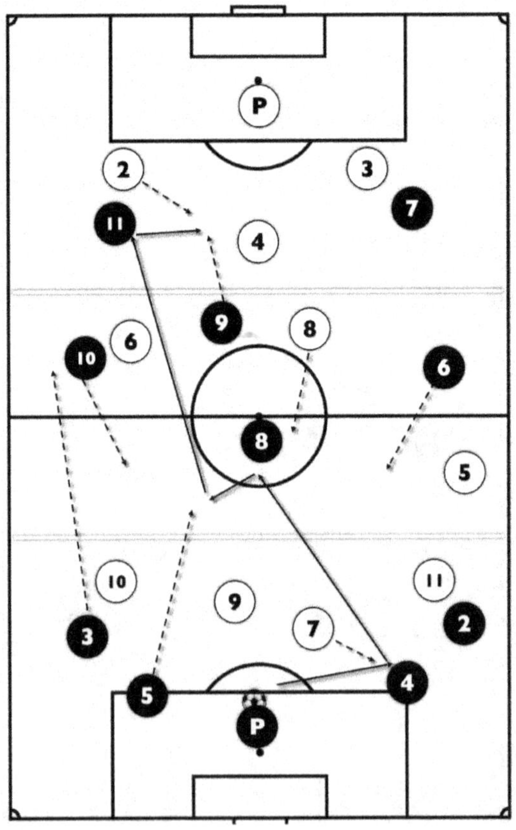

BIBLIOGRAFÍA

- Tamarit, X. (2007): *¿Qué es la periodización Táctica?* Editorial M.C. Sports.

- Castellano, J y Casamichana, D. (2016): *El arte de planificar en fútbol.* Editorial Fútbol de Libro.

- Portugal, M. A. (2018): *El entrenamiento en Fútbol. Rondos y mantenimientos.* Editorial Lisma.

- Juan Sánchez, D. (2016): *La Periodización Táctica en Fútbol Base y Aficionado: Aplicación práctica para categoría infantil, cadete, juvenil o aficionado.* Autoedición.

- Conde, M. (2000): *Contraataque.* Instituto Monsa de Ediciones.

- Couto, A. (2015): *Las grandes escuelas del Fútbol Moderno.* Editorial Fútbol de libro.

- Bangsbo, J. y Peitersen, B. (2002): *Fútbol: Jugar en defensa.* Editorial Paidotribo. Barcelona.

- Castellano, Julen y Casamichana, David (2016): *El arte de planificar en fútbol,* Editorial Futbol de libro.

- Castellano, Julen; Casamichana, David y San Román, Jaime (2015): *Los juegos reducidos en el entrenamiento del fútbol.* Editorial Futbol de libro.

- Cano Moreno, Oscar (2010): *Fútbol: Entrenamiento global basado en la interpretación del juego.* Editorial Wanceulen.

- López López, Javier (2009): *Fundamentos tácticos ofensivos.* Editorial Wanceulen.

- López López, Javier (2009): *Fundamentos tácticos defensivos.* Editorial Wanceulen.

- López López, Javier (2009): *500 juegos para el entrenamiento físico con balón.* Editorial Wanceulen.

- López López, Javier (2009): *400 tareas integradas para el entrenamiento de la táctica ofensiva.* Editorial Wanceulen.

- López López, Javier; Wanceulen Moreno, Antonio; Wanceulen Moreno, José F. y Bernal Ruiz, Javier (2009): *225 juegos para el entrenamiento integrado del pase en el fútbol.* Editorial Wanceulen.

- González, Alberto (2013): *Fútbol. Dinámica del juego desde la perspectiva de las transiciones.* Editorial Learning 11.

- Fradua, Luis (1997): *La visión periférica del futbolista.* Editorial Paidotribo.

- Mayer, R. (1996): *Fichas de fútbol. 120 juegos de ataque y defensa.* Hispano Europea. Barcelona.

- Garganta, J. y Pinto, J. en Graça, A. y Oliveira, J. (1997): *La enseñanza de los juegos Deportivos.* Editorial Paidotribo.

- Castelo, J. (1999): *Futbol. Estructura y dinámica del juego.* Editorial INDE. Barcelona.

- Caneda, R. (1999): *La zona en Fútbol.* Editorial Wanceulen. Sevilla.

- Seirul´lo, F. (1999): *Criterios modernos del entrenamiento en el fútbol.* Revista Training Fútbol. Valladolid.

- García Ocaña, Francisco (2008): *Fútbol y Fútbol sala: 250 actividades sociomotrices.* Editorial Paidotribo. Barcelona.

- López López, Javier (2013): *Fútbol: Senior (2013): 175 fichas de sesiones de entrenamiento.* Editorial Wanceulen. Sevilla.

- López López, Javier (2013): *Fútbol: Juveniles: 160 fichas de sesiones de entrenamiento.* Editorial Wanceulen. Sevilla.

- López López, Javier (2009): Fútbol: *1380 Juegos globales para el aprendizaje y perfeccionamiento de la técnica ofensiva y defensiva.* Editorial Wanceulen. Sevilla.

- López López, Javier (2008): *Fútbol: Cadetes: 160 fichas de sesiones de entrenamiento.* Editorial Wanceulen. Sevilla.

- López López, Javier (2013): *Fútbol: Infantiles: 120 fichas de sesiones de entrenamiento.* Editorial Wanceulen. Sevilla.

- López López, Javier (2008): *Fútbol: Alevines: 120 fichas de sesiones de entrenamiento.* Editorial Wanceulen. Sevilla.

- López López, Javier (2013): *Fútbol: Benjamines: 80 fichas de sesiones de entrenamiento.* Editorial Wanceulen. Sevilla.

- López López, Javier (2009): *Fútbol: Prebenjamines: 80 fichas de sesiones de entrenamiento.* Editorial Wanceulen. Sevilla.